Historias de la Revolución estadounidense

Historias olvidadas de valentía, traición y triunfo durante la guerra de la Independencia

Índice

Introducción

Tras una década de crecientes tensiones entre las colonias norteamericanas y el gobierno británico, los intentos británicos de obtener más poder sobre las colonias habían resultado ser demasiado. En las batallas de Lexington y Concord, un enfrentamiento entre los soldados británicos y la milicia local en 1775 desencadenó una guerra civil que entró en los libros de historia como la Revolución estadounidense (formalmente conocida como la guerra de Independencia de los Estados Unidos). La guerra se extendió como un reguero de pólvora del norte al sur y, en tres años, se convirtió en un asunto internacional cuando países como España y Francia se unieron al bando estadounidense. Tras la creación de la Armada Continental, la guerra se extendió por las aguas, dando aún más poder a los estadounidenses. Debido a la serie de errores y a la negativa a alejarse de las tácticas anticuadas por parte británica, junto con una asombrosa habilidad para sacar provecho de los errores del enemigo por parte estadounidense, esto concedió a estos últimos la independencia. Además, las secuelas de este acontecimiento reescribieron la escena política mundial al formar nuevas alianzas y obligar a muchas fuerzas a reevaluar sus conexiones, junto con su liderazgo y sus tácticas bélicas.

Aunque encontrará muchos libros que detallan los acontecimientos de la Revolución estadounidense, ¡ninguno es como este! A diferencia de otros de su categoría, este libro no solo proporciona hechos históricos difíciles de recordar, sino que también profundiza en los entresijos y el contexto político detallado de cada batalla, situación y maniobra, proporcionando un trasfondo escénico de lo que dio forma a este periodo de la historia estadounidense. Para ofrecer una nueva perspectiva de la guerra de la Independencia y arrojar luz sobre las polifacéticas experiencias humanas que definieron la época, este libro desenterrará relatos menos conocidos de la Revolución estadounidense, destacando a los héroes a menudo desapercibidos, los complejos actos de traición y los momentos de extraordinario valor que marcaron el acontecimiento.

Otra gran ventaja de este libro es que presenta todo lo anterior de forma exhaustiva, pero fácil de entender, lo que lo convierte en un excelente trampolín para los aficionados a la historia, principiantes o para cualquiera que desee aprender más sobre la Revolución estadounidense. Este libro no le decepcionará, tanto si es un profesor de historia que quiere dar un toque especial a sus clases, como si es un investigador, un erudito o alguien que solo quiere aprender datos superficiales sobre el acontecimiento. En él, encontrará todo lo que necesita saber sobre la guerra de la Independencia de los Estados Unidos y, al leerlo, se embarcará en un viaje único marcado por sorprendentes posturas y coloridos relatos. Al final de su viaje, comprenderá la importancia histórica de la guerra. Si está preparado para emprender este viaje y enriquecer sus conocimientos sobre la guerra que cambió la historia, siga leyendo.

Capítulo 1: La red de espionaje Culper: relatos de los primeros tiempos del espionaje

Nueva York no siempre fue la bulliciosa metrópolis que es hoy, con gente de todo el mundo corriendo por sus calles para hacerse un nombre. En un momento dado, el estado fue un importante campo de batalla después de que Estados Unidos declarara su independencia del dominio colonial británico. El general británico lord William Howe capturó amplias zonas del estado por su posición estratégica, lo que permitió a la corona aislar Nueva Inglaterra, pilar de la actividad y agitación revolucionarias.

Las vías fluviales de Nueva York convirtieron la región en un brillante centro militar y comercial, ya que los suministros podían desplazarse con facilidad, así como aislarse del enemigo mediante el control de estos pasos esenciales. La terrible derrota de George Washington en Boston permitió a los soldados británicos hacerse con el control de la isla de Manhattan. George Washington necesitaba información sobre el funcionamiento de los británicos en Nueva York para cambiar las tornas de la guerra a su favor. Esto condujo finalmente a la formación de la red de espionaje Culper.

Debido a la naturaleza secreta de sus actividades, la historia ha olvidado a muchos de sus miembros. Lo que hoy se sabe solo salió a la luz siglos después del final de la guerra, en la década de 1930. Aunque muchas de las personas que sirvieron como espías no fueron honradas en su época, las organizaciones actuales reconocen sus contribuciones y el papel fundamental que desempeñaron en la consecución de la independencia de Estados Unidos.

Cómo se formó la red de espionaje Culper

El anillo Culper se formó después de que fracasaran los intentos de espionaje de George Washington

Antes de que se formara el anillo Culper, los primeros intentos de espionaje de George Washington se saldaron con fracasos mortales. Sin embargo, estos errores sentaron las bases de lo que se convertiría en una de las redes de espionaje más exitosas. Cuando George Washington dio la noticia de que estaba reclutando espías para vigilar la actividad militar en Nueva York, aprovechó la oportunidad. Hale se hizo legendario por pronunciar un clásico atemporal, siendo sus últimas palabras la inspiradora cita patriótica: «Solo lamento no tener más que una vida que dar a mi país».

El 15 de septiembre de 1776, Nathan Hale entró en la Nueva York controlada por los británicos disfrazado de maestro de escuela. El graduado de Yale era idóneo para desempeñar este papel con brillantez.

Hale recogió notas meticulosamente, pero desgraciadamente fue capturado y ejecutado. Nathan Hale ya sentía pasión por su país, pues había luchado bajo la bandera de los *rangers* del teniente coronel Thomas Knowlton. Cuando George Washington intentó reclutar a miembros de los *rangers* para actividades de espionaje, todos ellos se negaron, no por cobardía, sino más bien por orgullo, porque se negaban a morir sin uniforme. Además, en aquella época el espionaje no se consideraba honorable. Sorprendentemente, Nathan Hale, que fue el único *ranger* que respondió a la petición de Washington, dejó que su amor por su país lo empujara más allá de las opiniones negativas de sus compañeros tomando la irrespetada decisión de ir de incógnito tras las líneas enemigas.

El trágico fracaso que sufrió Nathan Hale impulsó a George Washington a desarrollar formas de espionaje más sofisticadas y menos peligrosas. Una de esas innovaciones de espionaje que se desarrolló tras la muerte de Nathan Hale fue utilizar a patriotas que no eran militares para recabar información. El uso de militares facilitaba la identificación de los espías, por lo que la estrategia de utilizar civiles fue crucial para recopilar información esencial que cambió muchas batallas. A partir del error de cálculo de Hale, se desarrolló un mejor espionaje, ya que durante los cinco años que el «anillo Culper» operó en Long Island y Nueva York no se descubrió a nadie. Incluso cuando los miembros del anillo fueron arrestados, nunca se desvelaron las verdaderas identidades ni el funcionamiento de los valientes espías.

Dado que el espionaje aún no se había integrado de forma significativa en las estrategias de guerra, muchos de los miembros del anillo tuvieron que desarrollar métodos y técnicas en el cumplimiento de su deber. El uso de tecnología y palabras en clave cambió la forma en que se realizaba el espionaje anteriormente. Sin la formación del anillo Culper y la gran cantidad de inteligencia que proporcionaron, la guerra podría no haber terminado a favor de Washington. Por lo tanto, el papel del anillo Culper en la guerra, a menudo olvidado, debe destacarse porque fue decisivo para el establecimiento de una nación libre y no colonial que crecería hasta convertirse en la superpotencia que Estados Unidos es ahora.

Ante la escasez de personal militar y el riesgo de que se repitiera lo ocurrido a Nathan Hale, Washington no tuvo más remedio que recurrir a civiles que simpatizaran con su lucha independentista. Como muchos otros grandes inventos, el anillo Culper nació de la necesidad. George

Washington no podría hacer ningún movimiento estratégico sin información sobre el enemigo colonial. Washington era muy consciente de la necesidad de inteligencia... tanto que presionaba constantemente al anillo Culper para que proporcionara más información, a pesar de que sus esfuerzos de espionaje habían producido más datos utilizables que cualquier otro grupo de ambos bandos.

El papel de Benjamin Tallmadge

Benjamin Tallmadge fue una figura central en la creación del anillo Culper. Cuando Washington se dio cuenta de la necesidad de información precisa y utilizable, así como de los peligros del trabajo de espionaje, supo que un buen liderazgo y planificación era la única manera de que su espionaje tuviera éxito. Por ello, Washington nombró a Tallmadge director de inteligencia militar, haciéndolo responsable de las operaciones que el anillo llevaría a cabo en Nueva York.

Tallmadge, comprendiendo lo delicado e importante de la tarea que tenía entre manos, solo reclutó a personas de su confianza, entre ellas sus amigos de la escuela, Austin Roe, Abraham Woodhull, Anna Strong y Caleb Brewster. Otros miembros, como Sarah Townsend, fueron presentados más tarde. Tallmadge fue quien se dio cuenta de que era mucho más eficaz enviar a civiles en misiones de reconocimiento, ya que podían pasar fácilmente desapercibidos sin llamar mucho la atención. También utilizó mujeres en sus misiones porque las tropas británicas solían buscar hombres. A Tallmadge se le atribuye el mérito de ser el primer jefe de espionaje de Estados Unidos. Aunque Nathan Hale era amigo íntimo de Tallmadge desde sus días en Yale, la muerte de Hale, mientras trabajaba en la recopilación de información sobre el terreno, puede haber sido lo que impulsó el compromiso de Tallmadge. Gracias a su nuevo enfoque del espionaje, fue capaz de triunfar donde Hale había fracasado.

Tallmadge era un maestro de la táctica, que utilizaba sistemas como nombres en clave numérica para ocultar las identidades de sus informantes y otros actores clave implicados. En total había 763 combinaciones de números utilizadas para referirse a diferentes personas o lugares. Por ejemplo, 745 era Inglaterra, 727 era Nueva York y 711 era George Washington. También utilizaron nombres en clave como «John Bolton», que se refería a Tallmadge. Washington tenía una estrecha relación con Tallmadge y sabía que su conocimiento de la región lo hacía idóneo para sus actividades encubiertas.

Tallmadge era la principal línea de comunicación que informaba a Washington de todas las operaciones militares clave en Nueva York. Su correspondencia consistía en cartas escritas en clave para que a los enemigos les resultara imposible descifrar sus planes en caso de que se descubrieran las notas escritas. Tallmadge organizó el equipo y estableció los complejos sistemas que el anillo Culper utilizaría para mantener sus actividades ocultas de las autoridades británicas. La información transmitida por Tallmadge cambiaría los acontecimientos de la guerra de la Independencia. Uno de los casos en los que Washington utilizó la información que Tallmadge y su equipo habían recopilado fue cuando el general Henry Clinton planeó una expedición a Rhode Island. Las prontas advertencias de Tallmadge sobre los planes del general permitieron a Washington estacionar tropas, lo que impidió el ataque planeado por Clinton.

En muchos sentidos, Tallmadge fue la pieza central de la operación, actuando como intermediario entre Washington y los agentes de campo. Esta posición era extremadamente peligrosa, pero la cautela de Tallmadge garantizó que todos, incluido él mismo, se mantuvieran a salvo, logrando evitar su captura. Las técnicas de espionaje encabezadas por Tallmadge eran tan buenas que los británicos también empezaron a tomarse su espionaje más en serio, desplegando más agentes sobre el terreno. Washington confió a Tallmadge esta peligrosa función porque había luchado valientemente en distintas batallas en el norte durante su tiempo de servicio.

La forma en que Tallmadge reclutó a los primeros miembros del equipo demostró lo cauto y vigilante que era el líder. Abraham Woodhull era amigo de la infancia de Tallmadge, a quien conocía desde hacía años. Junto con Caleb Brewster, fue una de las primeras personas a las que reclutó Tallmadge. Tallmadge sabía que el juego secreto en el que estaba metido podía ser fácilmente desbaratado por cualquier eslabón débil. Tenía que asegurarse de que todos los que conocieran la información sensible estuvieran plenamente comprometidos con la causa. Cualquier filtración provocaría sin duda intervenciones militares por parte de los británicos, lo que podría desestabilizar por completo la revolución.

Benjamin Tallmadge sería recompensado por sus esfuerzos con un trabajo tan difícil como el de espía que había dejado atrás al terminar la guerra. Tallmadge sirvió en la Cámara de Representantes de Estados Unidos y murió en paz por su avanzada edad, cuando tenía 81 años. El mérito que el presidente George Washington obtuvo por orquestar muchas batallas y planes clave en la guerra de la Independencia fue bien merecido, pero las personas que sirvieron a sus órdenes —como Tallmadge— son igualmente responsables de las victorias que saboreó el Ejército Continental.

Operativos clave de la red de espionaje Culper

Muchas personas valientes formaron la red de espionaje Culper, y todos contribuyeron positivamente a asegurar que la guerra se ganara definitivamente. Debido al secretismo del colectivo, muchos de los nombres de la red se han perdido para la historia, pero aún hoy se conocen las funciones y operaciones de algunas figuras centrales. Abraham Woodhull fue uno de los primeros reclutas bajo el seudónimo de Samuel Culper Sr., y Robert Townsend lo fue bajo el de Samuel Culper Jr., razón por la cual el grupo fue descrito como la red de espionaje «Culper».

La red funcionaba como una máquina bien engrasada, engañando a los británicos en todo momento con su astucia. Abraham Woodhull viajaba de un lado a otro de Nueva York, recopilando información sobre acciones militares cruciales, como maniobras navales. Los despachos se entregaban entonces a Caleb Brewster, que emprendería el traicionero viaje de llevar estos mensajes a Connecticut. Benjamin Tallmadge recibiría los mensajes y se los entregaría al propio general George Washington. El estrecho vínculo de confianza entre Washington y Tallmadge es la razón por la que las operaciones de la red de espionaje eran tan sólidas como una roca.

El trabajo de la red de espionaje Culper era peligroso y ponía en peligro la vida porque cualquier acción que se emprendiera contra la corona se consideraría traición, lo que conllevaba la pena de muerte. La presión constante de ser descubierto pesaba mucho sobre Woodhall, y necesitaba ayuda. Esta paranoia justificada que experimentaba Woodhall lo llevó a reclutar a Robert Townsend, que era un comerciante de éxito y con contactos.

Austin Roe era un tabernero que ayudaba a enviar mensajes a Manhattan. Su negocio le daba la excusa perfecta para estar siempre en movimiento sin levantar sospechas. La vecina de Roe era una mujer llamada Anna Strong. Ella ya había sufrido a causa de la guerra, pues su marido, el juez patriota Selah Strong, fue encarcelado en un barco británico llamado HMS *Jersey* en 1778. Algunos historiadores consideran que Selah Strong formaba parte de la banda, pero fue encarcelado durante muchas de sus operaciones.

Más tarde, Selah Strong también formó parte de la Cámara de Representantes de Estados Unidos en Nueva York. Su detención fue por un delito similar al de espionaje y por facilitar información contra la corona a la causa revolucionaria, pero al no ser militar, el gobierno británico no lo consideró espía. La red de espionaje Culper ayudó a evolucionar el concepto de espía al reclutar a civiles. Anna Strong colgaba ropa en su tendedero que indicaba a Brewster dónde reunirse con Woodhull. Esto fue antes de que consiguieran métodos de comunicación más sofisticados.

Uno de los mayores logros de la red de espionaje fue que ayudó a solidificar la relación entre el ejército francés y el movimiento revolucionario estadounidense. En 1780, los británicos elaboraron planes para tender una emboscada a las tropas de los franceses, que acababan de tocar las costas estadounidenses. El ataque debía tener lugar en Rhode Island, pero se frustró gracias a la información obtenida por los agentes de la red de espionaje Culper. Otro descubrimiento importante atribuido a la red fue la traición del más odiado traidor de Estados Unidos, Benedict Arnold. La red de espionaje descubrió una comunicación entre Benedict Arnold y el oficial jefe de inteligencia británico, John André, que trabajaba a las órdenes del general Henry Clinton. Arnold planeaba ceder el control de un fuerte en West Point a las fuerzas británicas. Al revelarse el plan, John André fue capturado y ejecutado por orden directa del general George Washington.

La red de espionaje Culper funcionó exitosamente, sin ningún arresto, durante cinco años, de 1777 a 1783. Durante este tiempo, fueron capaces de hacer llegar mucha información de inteligencia a Washington, que la utilizaría para trazar estrategias para las batallas. Se puede afirmar que sin el duro trabajo de la red de espionaje, Estados Unidos no habría ganado la guerra de la Independencia. La información proporcionada por los espías incluía desde planes británicos en Nueva York y sus alrededores hasta detalles sobre fortificaciones militares, así como el movimiento de las fuerzas militares por toda la región. Sin esta información, Washington habría estado ciego ante las avanzadas y aguerridas fuerzas británicas. La guerra de la Independencia sirvió para poner de relieve lo importante que era reunir información de inteligencia para influir en los resultados de las batallas y elaborar planes que pudieran coger desprevenido al enemigo.

Métodos y técnicas empleados por la red de espionaje Culper

Los británicos ya habían desarrollado complejos códigos a través de sus conquistas imperiales. El ejército británico también contaba con decenas de criptógrafos altamente calificados que desarrollaban y descifraban mensajes ocultos para la correspondencia militar británica. Por ello, cuando se creó el anillo, tuvieron que desarrollar rápidamente códigos que sus miembros pudieran aprender fácilmente. Se crearon códigos básicos que utilizaban técnicas como la sustitución de ciertas letras por símbolos especializados que solo podían entender los lectores informados sobre el código. También utilizaron nombres en clave y números para ocultar la identidad de las personas implicadas. Algunos de los miembros del equipo fueron tan cuidadosos que se negaron a revelar sus identidades a George Washington por si era capturado, o si alguien cercano a él era un espía que revelara sus identidades a los británicos. Ser descubiertos era una gran preocupación porque vivían y viajaban entre territorios controlados por los británicos.

Ambos bandos utilizaban ya versiones rudimentarias de tinta invisible, hecha con materiales como el jugo de limón, que podía revelaba el verdadero mensaje con el calor. El general George Washington reconoció la ineficacia de tales métodos porque, con una simple llama, los enemigos conocerían los detalles de sus planes más secretos. Washington escribió una carta a Elias Boudinot en la que destacaba la necesidad de una tinta invisible que no respondiera al fuego, sino al licor que se frotaba sobre ella. A raíz de este llamamiento de Washington, sir James Jay creó una tinta invisible que solo se revelaba cuando se frotaba sobre ella un determinado compuesto químico líquido. Los ingredientes para desarrollar esta tinta eran escasos, por lo que solo pudieron producirla en pequeños lotes cada vez. Washington recibió un recordatorio de lo importante que era ocultar la correspondencia en código o con tinta invisible cuando las cartas entre él y Tallmadge fueron interceptadas, lo que provocó la detención de su espía, George Higday, y estuvo a punto de hacer fracasar la red de espionaje de Culper. Sin embargo, la red logró superar este contratiempo sin ser descubierta.

Tallmadge desempeñó un papel decisivo en la creación de muchas de las técnicas de espionaje que utilizó la red, pero también destacó la genialidad de Washington como maestro del espionaje. Washington no solo hizo hincapié en la importancia de recopilar información, sino que también inició una campaña de desinformación para desbaratar la inteligencia que reunían los británicos. Por ejemplo, en 1775, las tropas de Washington se enfrentaban a una escasez de pólvora en Massachusetts, por lo que necesitaban que los ejércitos les entregaran más cantidad. Mientras esperaban, no podían dejar que los británicos supieran de esta debilidad, así que Washington les ordenó llenar algunos barriles de pólvora con arena para que pareciera que estaban bien equipados. Otro uso magistral de la desinformación fue cuando Washington organizó las tropas en pequeños grupos dispersos por amplias zonas para que los británicos creyeran que tenía más personal del que realmente había.

El uso de tinta invisible, la desinformación y las cartas codificadas fueron las herramientas de inteligencia que ayudaron a asegurar la victoria de Estados Unidos en la guerra de la Independencia. Además, el uso de mujeres y civiles que pasaban desapercibidos en lugar de operativos militares ayudó a evitar que se descubriera a los espías, sobre todo a los que operaban como parte de la red de espionaje Culper. Su compleja red de piezas móviles entrelazadas mantuvo a los británicos a la expectativa y reveló información que culminó en muchas estrategias ganadoras en muchas batallas. Aunque la red de espionaje cayó en el olvido durante muchos años, y solo fue redescubierta en la década de 1930, y aunque muchos nombres de los operativos siguen siendo un misterio, el importante papel que desempeñaron los miembros de este colectivo contribuyó enormemente a la causa estadounidense... hasta el punto de que no podrían haber ganado la guerra sin su ayuda.

Capítulo 2: Historias de la guerra de guerrillas en el sur

La guerra de la Independencia fue una lucha militar y política que marcó la historia de Estados Unidos. La tensión surgió después de que los británicos empezaran a cobrar impuestos a las colonias americanas. Estas se dieron cuenta de que no podían permanecer bajo el control de los británicos mucho más tiempo, lo que dio lugar a una de las mayores guerras de las que América había sido testigo. Los estadounidenses decidieron cambiar su destino y luchar por su independencia. Fue la primera guerra revolucionaria de la historia moderna en la que el pueblo exigió derechos constitucionales, soberanía popular y un Estado de derecho.

Este capítulo ofrece una visión general de la Revolución estadounidense, la importancia del teatro del sur y la historia de la guerra de guerrillas.

La guerra de la Independencia

Durante los siglos XVII y XVIII, los americanos vivieron en paz bajo el dominio británico. Las colonias americanas se gobernaban a sí mismas eligiendo a su asamblea, pero el gobierno de la corona elegía a los gobernadores. Las colonias florecieron y la economía británica también prosperó. Ambas regiones vivían en armonía; sin embargo, las cosas estaban a punto de dar un giro.

Tras la guerra con los indios y los franceses, Gran Bretaña se encontró muy endeudada. En 1763, Gran Bretaña promulgó una ley para aumentar los impuestos en las colonias americanas. Creían que era justo, ya que habían defendido las colonias contra los indios y los franceses. Sin embargo, los americanos no compartían la misma opinión. Las colonias se dieron cuenta de que no tenían más remedio que luchar por su independencia.

La guerra duró ocho años y terminó con la derrota británica. Muchos factores contribuyeron a la victoria estadounidense, como los franceses, que les proporcionaron armas y suministros, así como el teatro del sur. Durante los últimos años de la guerra, el sur desempeñó un papel enorme que cambió su curso.

Durante los tres primeros años de la guerra, la mayoría de las batallas tuvieron lugar en el norte —en Filadelfia, Nueva York y Boston. Sin embargo, tras la victoria estadounidense en la batalla de Saratoga, los británicos decidieron dirigirse al sur. Creían que había más leales en las colonias del sur, por lo que obtendrían más apoyo allí. Pensaron que capturar el sur sería más fácil, y una vez que terminaran, podrían regresar al norte. Sin embargo, se llevaron una sorpresa.

El comandante británico sir Henry Clinton intentó asegurar el estatus de su país, capturando Charleston, una de las ciudades más importantes del sur. Sin embargo, fracasó, por lo que trasladó su atención a Savannah, que su ejército capturó en 1778.

En 1779, Clinton promulgó un decreto sin precedentes, por el cual se concedía la libertad a todos los esclavos que escapaban de sus amos estadounidenses de ideología patriota. El objetivo británico era destruir la economía de los rebeldes y que los esclavizados se unieran al ejército británico, sirviendo como soldados, sirvientes, enfermeras o cocineros.

En 1780, Clinton tomó un ejército de 14.000 hombres e intentó capturar Charleston de nuevo. En esta ocasión, los estadounidenses estaban en inferioridad numérica. El general de división estadounidense Benjamin Lincoln no tuvo más remedio que rendirse, con 5.000 soldados, lo que supuso la pérdida más importante para los estadounidenses en la guerra de la Independencia.

El general británico Banastre Tarleton persiguió al resto de los coloniales en el sur. Alcanzaron a los continentales de Abraham Buford. Aunque intentaron rendirse, Tarleton mató a muchos de ellos. Sin embargo, se trata de una historia polémica, ya que algunos creen que no ocurrió.

Clinton emitió una proclama en la que todos los patriotas debían jurar lealtad a la corona. A continuación, entregó el mando del sur a lord Charles Cornwallis y partió hacia Nueva York. Tras la caída de Charleston y la enorme pérdida de los estadounidenses, los británicos estaban cerca de controlar el sur.

Sin embargo, tras la masacre de los estadounidenses a manos de Tarleton y la mal recibida proclamación de Clinton, las milicias rebeldes, bajo el mando de Francis Marion, se negaron a rendirse a los británicos e insistieron en recuperar el sur.

Francis Marion, el «zorro del pantano», y su liderazgo en la guerra de guerrillas

Marion no formó parte de los 5.000 soldados que acompañaron a Lincoln en Charleston, ya que se estaba recuperando de una fractura de tobillo. Se convirtió en el líder de la milicia en Charleston tras la colosal derrota de Lincoln. Aunque los patriotas no tenían suficientes hombres ni equipo para enfrentarse a los británicos, esto no impidió que Marion actuara.

Marion recurrió a técnicas en las que sorprendía a sus enemigos por la espalda
https://commons.wikimedia.org/wiki/File:Francis_Marion_001.jpg

En agosto de 1780, Marion tomó a 50 hombres y asaltó a los británicos. Se escondieron entre las plantas y atacaron a los soldados por la espalda para rescatar a 150 hombres estadounidenses y capturar a 20 soldados británicos. A esto se le llamó táctica de guerrilla. Como Marion no tenía suficientes hombres ni recursos para entrar en batalla con los británicos, recurrió a estas técnicas en las que sorprendía a sus enemigos por la espalda. Marion no creía en destruir a sus enemigos... quería debilitarlos hasta que fueran incapaces de luchar. Destruir al ejército británico era imposible, ya que eran extremadamente poderosos, y los patriotas no eran rivales para ellos. Las tácticas de Marion eran directas y sencillas, y consiguieron sacudir al ejército británico.

Fue una derrota vergonzosa para los británicos, que se dieron cuenta de que no tenían el control total del sur como habían percibido en un principio. Como resultado, no pudieron regresar al norte.

Animado por su gran victoria, Marion continuó atacando a los británicos con sus tácticas de guerrilla. Consiguió una victoria tras otra, y los británicos empezaron a considerarlo una seria amenaza. Como era astuto en sus ataques, nunca sabían dónde atacaría, lo que le daba una gran ventaja. Los británicos dividieron entonces sus fuerzas, con la esperanza de encontrarlo o debilitarlo.

Marion se convirtió en un héroe local. No solo dio a los estadounidenses la esperanza de que podían ganar esta guerra, sino que también trató a su enemigo con compasión. Mientras muchos líderes estadounidenses y británicos castigaban a sus enemigos ahorcándolos, matando su ganado y quemando sus casas, Marion se abstuvo de cometer esos horrendos actos. Aunque no podía impedir a sus subordinados ese comportamiento cruel, lo desalentaba e informaba de ello a su oficial al mando.

El 4 de septiembre, Marion y 53 de sus hombres se escondieron en un barranco abierto, para luego sorprender y derrotar a un grupo de 250 *tories*. Marion dividió a sus hombres para cubrir más terreno. Atacaron a 45 jinetes y desorganizaron al resto, llevando a muchos a esconderse en los pantanos. Los *tories* estaban furiosos y humillados. Se desquitaron con los patriotas destruyendo sus granjas y quemando sus casas.

Los británicos siguieron enviando milicias *tories* para luchar contra Marion y sus hombres. Las noticias de una de las milicias británicas llegaron a Marion. Se trataba de un grupo de 200 hombres que estaban bajo el mando del coronel Samuel Tynes. Al oír el nombre, Marion se mostró firme en su decisión de luchar contra la milicia, a pesar de que solo contaba con 150 hombres. Tynes era un individuo de carácter traidor; no obstante, antes fue un patriota, pero estableció una alianza con los británicos. Por consiguiente, esta era la ocasión de Marion para castigar su traición.

Marion y sus hombres atacaron a los *tories* cuando dormían y mataron a 43 británicos mientras el resto escapaba a los pantanos. Los estadounidenses confiscaron sus suministros, caballos y municiones.

Los británicos no estaban contentos con la serie de victorias de Marion. Cornwallis avisó a Tarleton para que trajera tropas de Pensilvania y Nueva York a Charleston. Tarleton y sus tropas fueron tras Marion y sus hombres, lo que se convirtió en un juego del gato y el ratón. Después de que Tarleton pasara días persiguiendo a Marion, este cambió las tornas y persiguió a los británicos. Tarleton y sus hombres se escondieron en los pantanos. Incluso admitió que no había conseguido capturar a Marion diciendo que ni el mismo diablo (refiriéndose a sí mismo, Tarleton) pudo atrapar al viejo zorro (refiriéndose a Marion). Así fue como Marion se ganó el apodo del «zorro del pantano».

Curiosamente, nadie utilizó nunca este apodo cuando Marion estaba vivo. Se mencionó por primera vez en su biografía, que se publicó después de su muerte.

En diciembre de 1780, Nathaniel Greene se convirtió en el comandante de las fuerzas estadounidenses del sur. Estaba al mando de un ejército pequeño y mal equipado que no podría resistir una batalla contra los británicos, por lo que Greene decidió buscar la ayuda de Marion. Sabía que Marion era su única esperanza contra Cornwallis y sus hombres.

En 1781, Marion dirigía sus operaciones desde Snow Island. Trabajaba con el teniente Henry Lee, quienes, a pesar de sus constantes discusiones, mantenían una estrecha relación.

Marion mostró a los británicos su verdadero poder cuando intentó recuperar Georgetown. Aunque fracasó, a los británicos les quedó claro que Marion era más poderoso de lo que jamás habían imaginado. Tras el fracaso de Tarleton, Cornwallis envió al coronel John Watson Tadwell-Watson tras Marion.

Los compañeros oficiales de Watson sentían antipatía por él, así que ninguno se le unió en la misión. Llevó 300 soldados de infantería, 150 de caballería y 20 dragones para luchar contra el zorro del pantano y sus hombres. Watson y Marion finalmente se encontraron cara a cara.

Marion estaba en inferioridad numérica y de equipo. No tuvo más remedio que engañar a los británicos para ganar ventaja. Retiró sus fuerzas para que Watson creyera que se estaba retirando. Los británicos lo siguieron, pero pronto se dieron cuenta de que era un truco.

Los estadounidenses atacaron, pero los británicos contraatacaron rápidamente. Esto condujo a la batalla de la Campaña de Bridges, que duró dos semanas. Marion y sus soldados fueron más listos que los británicos. Watson solo quería a Marion, así que abandonó su puesto para perseguirlo; sin embargo, no pudo atraparlo y Marion escapó de los británicos una vez más.

Marion siguió atacando a los británicos y debilitando sus defensas. En una emboscada, consiguió causar 100 bajas y solo perdió a cuatro de sus hombres.

En septiembre de 1781, los soldados de Marion se unieron al ejército de Greene para luchar contra los británicos en una batalla. Marion también desempeñó un gran papel, ya que era el comandante de 700 milicianos. Los estadounidenses avanzaban mientras los británicos se quedaban rezagados.

Los estadounidenses se apoderaron de una gran cantidad de alcohol y empezaron a beber. Los británicos aprovecharon el estado de embriaguez de sus enemigos y contraatacaron. Esto se convirtió en una sangrienta batalla con graves pérdidas en ambos bandos. Aunque los británicos mantuvieron la posición, estaban demasiado débiles para continuar. Entonces, ¿quién ganó la batalla? Bueno, cada bando afirmó que lo hizo. Sin embargo, lo único que todo el mundo sabía a ciencia cierta era que Marion y sus hombres actuaron muy bien. Sin ellos, el ejército estadounidense habría perecido.

El 19 de octubre de 1781, los estadounidenses ganaron y se hicieron con el control del sur.

¿Quién era Francis Marion?

El 26 de febrero de 1732, Marion nació en la plantación de sus padres Gabriel y Esther Marion, en el condado de Berkeley, Carolina del Sur. Era el menor de seis hermanos y un niño muy inquieto. Cuando cumplió seis años, su familia se trasladó a St. George, donde él y sus hermanos asistieron a la escuela.

Cuando cumplió 15 años, conoció su primera aventura al unirse a la tripulación de una goleta. Una ballena chocó contra el barco y este se hundió. La tripulación pasó siete días en un bote salvavidas intentando llegar a la costa, pero lamentablemente dos de ellos murieron. Esta experiencia fue traumatizante para el joven, y desde entonces Marion se mantuvo alejado de las aguas. Pasó los años siguientes trabajando en la plantación de sus padres.

A los 25 años se alistó en la milicia y luchó en la guerra franco-india. Fue un soldado excepcional y consiguió ascender rápidamente de rango. Cuando llegó a teniente, luchó contra los cheroquis. Aprendió mucho de ellos, como tender emboscadas, ocultarse y utilizar el terreno, lo que influyó en sus tácticas de guerrilla. En 1761 regresó a casa y decidió comprar una plantación, y lo consiguió en 1773.

En 1775 se convirtió en capitán de su propio regimiento en Carolina del Sur. Se le encomendó la construcción de un fuerte en Charleston. Tras construir el fuerte, se enfrentó a los británicos en la batalla de la isla de Sullivan y derrotó a sus hombres. Como resultado, fue ascendido a teniente coronel. Pasó tres años en Carolina del Sur, lo que le proporcionó un inmenso conocimiento de la región.

En una ocasión, se encontraba en una cena en la que todos bebían mucho menos Marion, que no era muy bebedor. Para escapar de la embriaguez, abandonó la fiesta saltando por la ventana y rompiéndose el tobillo. No pudo participar con los hombres de Lincoln; sin embargo, consiguió liberar a los 150 estadounidenses mientras seguía herido y sin poder caminar.

Marion era un gran líder, y sus soldados estaban dispuestos a seguirlo hasta el fin del mundo. Incluso se los llamaba «los hombres de Marion», y servían sin paga.

Marion se convirtió en un héroe estadounidense, y la película *El Patriota*, protagonizada por Mel Gibson, se basó en gran medida en su vida.

El teatro del sur en la guerra de la Independencia

Durante la segunda mitad de la guerra de la Independencia, el teatro sur fue el centro de las operaciones militares. Muchas batallas estratégicas tuvieron lugar en el sur, y fue donde los estadounidenses probaron por primera vez las tácticas de guerrilla que cambiaron para siempre el panorama de la guerra.

En 1777 y 1778, Gran Bretaña se encontró en una posición débil. Tras su derrota en la batalla de Saratoga, las colonias del norte firmaron un tratado con los franceses. Los británicos se dieron cuenta de que tal vez tendrían que entrar en guerra con Francia, así que cambiaron de estrategia. En lugar de luchar contra el Ejército Continental, al que ayudaban los franceses, decidieron eliminar a los patriotas, la mayoría de los cuales vivían en el sur.

Los británicos obtuvieron algunas victorias cuando llegaron por primera vez al sur. Consiguieron capturar Georgia, Savannah y Charleston. Sin embargo, británicos y estadounidenses se enfrentaron allí a algunos desafíos. Estalló una guerra civil entre los leales y los patriotas, que provocó la división del sur. Los británicos también libraban batallas con las milicias patriotas. Los británicos pensaban que los lealistas tenían una mayor influencia en el sur. Sin embargo, tras su llegada, muchos estadounidenses se unieron a los patriotas y estaban dispuestos a luchar por su independencia.

Los británicos también se enfrentaron a su mayor desafío cuando intentaron capturar Charleston por primera vez, pero no consiguieron reducir Fort Sullivan. De la misma forma, los estadounidenses también se encontraron con algunos retos. El sur dependía de la agricultura y no había muchas fábricas para fabricar armas y otros equipos para los soldados. El sur también estaba dividido y no contaba con el apoyo de los franceses, por lo que tuvieron dificultades para derrotar a los británicos en múltiples ocasiones.

Sin embargo, las cosas cambiaron con Marion, Greene y el soldado estadounidense Daniel Morgan, que recurrieron a la guerra de guerrillas, lo que les dio la ventaja que contribuyó a su victoria.

¿Qué es la guerra de guerrillas?

La guerra de guerrillas implica incursiones sorpresivas, emboscadas y estilos de combate poco convencionales. Era conocida por ser salvaje, desorganizada y caótica. Muchos soldados preferían la técnica de la guerra de guerrillas porque les daba más libertad que las técnicas convencionales.

La guerra de guerrillas es diferente de otras técnicas de guerra, ya que se centra en la movilidad, el sabotaje, así como las tácticas de golpear y huir. En cambio, las técnicas de guerra convencionales se centran en la artillería, la infantería, la aviación y el blindaje. La guerra de guerrillas desempeñó un papel considerable en la guerra de la Independencia. Aunque no contribuyó directamente a la victoria estadounidense, frenó a los británicos y prolongó la guerra. Al final, los británicos habían agotado todos sus recursos y los soldados estaban derrotados y cansados, lo que condujo a la victoria de los estadounidenses.

Las técnicas de guerra de guerrillas de Marion dependían de tácticas encubiertas y furtivas. Se escondían en pantanos y escapaban a través de ellos. Él y sus hombres también se escondían en los bosques del interior del país para sorprender y asaltar a sus enemigos. A menudo atacaba a sus enemigos por la espalda para pillarlos desprevenidos y confundirlos. Los británicos siempre estaban en alerta máxima debido a los movimientos sorpresa de Marion y sus hombres. Sin embargo, él se las arreglaba para sorprenderlos en cada oportunidad. El uso de tácticas de ataque y huida desbarató la línea de suministros británica. Las emboscadas también abrumaban al enemigo, lo que les hacía estar constantemente cansados y propensos a cometer errores.

Las tácticas de ataque y huida consisten en lanzar ataques cortos y por sorpresa y luego retirarse rápidamente para que el enemigo no tenga oportunidad de responder. Marion utilizó esta técnica en múltiples ocasiones, lo que le impidió enfrentarse o entablar combate con el ejército británico.

Marion consiguió atacar a los británicos en varias ocasiones y escapar antes de que supieran qué les había golpeado. Al ver que en una batalla solo perdió cuatro hombres mientras que su enemigo perdió 100, se demostró que esta técnica era muy eficaz y, en la actualidad, todavía se utiliza en todo el mundo.

La guerra de la Independencia es una lección de patriotismo y de lo que una persona está dispuesta a hacer por su país. Marion no pudo esperar a que se le curara el tobillo para ir tras los británicos. Lo superaban en número y no tenía armas suficientes, pero aun así utilizó su inteligencia y siguió derrotándolos a cada paso. Los estadounidenses sufrieron muchas pérdidas, entre ellas miles de hombres, pero nunca se rindieron y creyeron que acabarían recuperando sus hogares.

A pesar de estar en medio de una guerra, Marion se negó a que los ciudadanos británicos pagaran por los errores de su ejército, por lo que ejerció la paciencia y la compasión. Uno podría aprender esta gran lección de Marion: «la venganza nunca es la respuesta».

Capítulo 3: Deborah Sampson: Una mujer disfrazada de soldado

Los conflictos suelen producirse cuando las personas muestran su verdadera cara. Esos son los momentos en los que surgen los verdaderos patriotas —cuando se desafía a las personas de grandes palabras y pequeñas acciones. Muchos sueñan con acontecimientos históricos y se preguntan qué habrían hecho si hubieran estado en esas situaciones. ¿Lucharían y defenderían lo que es justo? ¿Se acobardarían o pondrían la otra mejilla? ¿Huirían para salvar la vida y, en ese caso, salvarían a sus seres queridos? Tal vez se habría mantenido firme, jurando bañar la tierra con su propia sangre antes de moverse un ápice.

A menudo se omite el papel de las mujeres en las revoluciones y guerras históricas. La mayoría de las veces se las encierra en marcos estereotipados, que las pintan indefensas y esperando en casa a que sus homólogos masculinos regresen y las salven. Tal vez participen atendiendo a los heridos, cocinando para los soldados o tejiendo sus atuendos de guerra. Sin embargo, de vez en cuando surge una figura que rompe los muros de la tradicional compartimentación de las mujeres. Una feroz guerrera opta por dejar los palillos y la lana, coger el mosquete y lanzarse contra las líneas enemigas.

Deborah Sampson demostró que podía defender sus derechos y su libertad del mismo modo que un hombre

Deborah Samson es una de esas pocas almas valientes que se arriesgaron y demostraron que podían defender sus derechos y su libertad del mismo modo que un hombre. Como la mayoría de las figuras femeninas destacadas, la historia de la valentía de Sampson se ha ocultado bajo la alfombra durante demasiado tiempo. Con escasa información disponible sobre las circunstancias que la llevaron a alistarse en el ejército, algunos historiadores resolvieron especular sobre las partes que faltaban. Eso fue hasta que se desenterraron los diarios de su vecino (Abner Weston), que arrojaron algo de luz sobre algunas partes oscuras de su vida.

¿Quién es Deborah Sampson?

Deborah Sampson Gannett llegó al mundo a lo grande el 17 de diciembre de 1760, en Plympton, Massachusetts. Nacida de Deborah (Bradford) Sampson y Jonathan Sampson hijo, era una de siete hermanos. Sus padres descendían directamente de Priscilla Alden y Jonathan, dos ilustres peregrinos. William Bradford, gobernador de

Massachusetts, estaba emparentado con Sampson.

Sampson tuvo una infancia y adolescencia duras. Procedía de una familia honorable, pero esta luchaba por llegar a fin de mes debido a las dificultades económicas. El resto de la historia es una conjetura sobre lo que le ocurrió a su padre. Mientras que algunos investigadores afirman que el patriarca de la familia los abandonó, otros piensan que simplemente nunca regresó tras un viaje por mar, posiblemente perdiéndose en el océano.

La empobrecida familia se vio obligada a tomar duras decisiones. La madre de Débora llegó a la conclusión de que lo mejor para sus hijos sería que fueran reasignados a hogares separados, posiblemente parientes. A medida que la niña crecía y empezaba a convertirse en una carga para sus tutores de acogida, fue sometida a otro tipo de penurias. A la temprana edad de diez años, la pequeña Deborah fue obligada a servir como sirvienta en régimen de servidumbre para la familia del diácono Benjamin Thomas hasta que cumplió la edad legal de 18 años. Él era un granjero de Middleborough con una familia numerosa. A cambio de sus servicios a la familia, recibió comida, alojamiento y ropa.

Durante sus años con la familia, Sampson absorbió sus opiniones políticas personales y patrióticas y las adoptó como propias. También era libre de estudiar por su cuenta y explorar el mundo a través de los libros que le ofrecían en la casa donde servía. Creyendo en el poder de la educación y la alfabetización, el diácono le permitió asistir a clases con sus hijos. Las tareas habituales de la granja, como trabajar la madera, apilar heno, arar los campos, esparcir abono y ordeñar vacas, también la ayudaron a adquirir otras muchas habilidades físicas.

Tras completar sus años de contrato, se dedicó a la enseñanza entre los años 1779 y 1780. En los duros inviernos, trabajó como tejedora y cuidó de sus ovejas y gallinas. Eso fue hasta que decidió tomar una postura más seria para servir a su país.

La guerra de la Independencia hacía estragos desde 1776, cuando Sampson solo tenía 16 años, y a las mujeres no se les permitía servir como soldados en el ejército. En busca de aventuras y deseosa de dejar una profunda huella en el mundo, Deborah tenía otros planes. No quería ser simplemente cocinera o enfermera; tenía aspiraciones más altas que eso, así que tomó cartas en el asunto. Sampson se inventó la historia de que tenía que aceptar un nuevo y mejor puesto de profesora. Enseguida se cosió su propio uniforme militar, con chaqueta, chaleco y calzones, y se dirigió al frente.

Algunas historias sugieren que no fue solo el patriotismo lo que animó a Sampson a tomar las armas. Se cree que el dinero también influyó en su decisión. Durante los años menguantes de la guerra, cuando las ciudades no podían cubrir sus cuotas de reclutamiento, se ofrecían recompensas para aumentar el número de soldados voluntarios.

Algunos tenían la costumbre de alistarse en el ejército, esperar a cobrar y luego desertar de sus puestos. Luego se trasladaban a otro lugar, se alistaban de nuevo y repetían el ciclo para recibir más recompensas.

El nacimiento de Robert Shurtliff

A los 21 años, Deborah se apresuró a alistarse en el ejército y servir a su país. Sabiendo que era imposible que un ejército dominado por hombres consintiera que se uniera a sus filas, decidió disfrazarse con ropa masculina y utilizar el falso alias de «Robert Shurtliff». Más tarde se descubrió que este nombre era el de su hermano fallecido. Se dice que hizo un primer intento de alistarse en el ejército cerca de Middleborough, aunque nunca lo admitió, mientras que otros parecían tener claros recuerdos del incidente. Se alojaba en casa de la familia de Benjamin Leonard cuando decidió pedir prestado uno de los trajes de su hijo (Samuel). Al entrar en la oficina de contratación, se presentó como «Timothy Thayer». Sin embargo, la treta se vino abajo cuando una mujer la reconoció al salir de una taberna con un grupo de soldados a pesar de que llevaba el uniforme de soldado.

Entonces se vio obligada a devolver la recompensa que no había gastado, a pagar daños y perjuicios y se le prohibió el acceso a la oficina de reclutamiento local. Sus acciones provocaron su excomunión de la Iglesia Bautista de Middleborough, alegando como una de las razones principales el vestir ropa de hombre. Avergonzada por el resultado de su intento, pensó que lo mejor era abandonar Middleborough para siempre. Esto la llevó a su segundo intento, que tuvo un resultado mucho más gratificante.

Antes de su segundo intento, vagó durante un mes por el puerto de New Bradford. Después de eso, se dirigió a Boston con planes de convertirse en grumete. Sin embargo, tras varios intentos, no pudo encontrar un buen capitán ni una recompensa adecuada. Siguió hacia el oeste hasta llegar a un pueblo llamado Bellingham. Allí conoció a un reclutador del ejército desesperado por cubrir un cupo para una ciudad cercana llamada Uxbridge. Satisfecha con la recompensa ofrecida, nació el soldado Robert Shurtliff.

En mayo de 1782, Sampson había viajado a Worcester, Massachusetts, para alistarse en la compañía de infantería ligera del capitán Webb en el 4° Regimiento de Massachusetts del Ejército Continental. Esta tropa resultó ser una de las más activas en el valle del Hudson entre los años 1782 y 1783. La infantería ligera se ganó ese nombre por varias razones. Los soldados que la componían debían medir 1,65 metros y tener la resistencia física suficiente para mantener un ritmo rápido y constante. También eran conocidos por llevar menos suministros que la mayoría, así como participar en misiones y refriegas más pequeñas y precarias.

El vigor físico de Deborah, fruto de sus largos años de trabajo en una granja, junto con sus rasgos varoniles, fueron factores clave para que lograra ocultar su verdadera identidad. Sampson medía 1,70 metros. Era corpulenta, tenía la cara larga y estrecha, además de pelo rubio, que se cortó antes de alistarse. Los demás soldados se burlaban a menudo de ella porque pensaban que era simplemente un adolescente al que no le crecía la barba. Los otros soldados incluso llegaron a llamar a Sampson «el chico floreciente» o «Molly». Las posibilidades de ser descubierto eran escasas en aquella época. Esto se debía al hecho de que la higiene personal no era una prioridad en aquella época, por lo que los soldados no se bañaban muy a menudo y la mayoría de las veces dormían con el uniforme puesto.

También intentaba cambiar su aspecto aplanándose el pecho con un paño bien envuelto. Mintió cuando uno de los soldados le preguntó por qué sabía coser, diciendo que era porque su familia no tenía mujeres y que tenía que aprender.

Ella y otros cinco soldados tuvieron que dormir en una tienda. Esperaba a la noche para usar el baño exterior y se cambiaba de ropa en la sombra para no ser descubierta. Sampson se esforzó mucho por ocultar su identidad. Sufrió heridas en una batalla que tuvo lugar en Tarrytown, en el condado de Westchester, al norte de Nueva York. Tenía una herida profunda en la cabeza producida por un golpe o un cuchillo y una bala (en algunos relatos, dos balas) en el muslo. Para ocultar su identidad, solo permitió que el médico le curara el golpe en la cabeza. A continuación, se escabulló de la tienda y se quitó la bala de pistola del muslo con una navaja y una aguja de coser, sin ayuda de nadie.

En otra ocasión, mientras participaba en una escaramuza contra asaltantes leales, también conocidos como vaqueros, Deborah sufrió una herida de bala en el hombro.

Se dice que, en lugar de pedir ayuda a un médico para que le extrajera el objeto extraño, se limitó a dejar la bala de mosquete en el hombro y continuó con sus tareas en un esfuerzo por permanecer oculta.

Aunque Deborah tenía rasgos varoniles que le ayudaban a disimular su condición de soldado, como hombre era bastante atractivo. El campamento recibía periódicamente visitas de mujeres que la encontraban encantadora, un aprieto que ella sorteaba dejándolas de lado amablemente.

Su tiempo de servicio

Deborah demostró su valía para el ejército, que le asignó varias misiones de alto riesgo, como espiar, explorar y realizar incursiones. Sampson no era ajena a los cañonazos, y no se amilanó a la hora de liderar expediciones con el Ejército Continental, que normalmente se saldaban con victorias. Era una excelente tiradora y sirvió con los *rangers*, una rama única de la infantería ligera que participaba en operaciones de exploración y vigilancia, además de combatir principalmente a pie.

Durante su servicio, se le encomendó la peligrosa misión de explorar territorios neutrales para evaluar el número de soldados y equipos británicos en Manhattan, Nueva York. En un intento de purgar a los *tories* de la zona de East Chester, su regimiento fue enviado a West Point, Nueva York. A pesar de la revolución, los *tories* eran colonos que se adhirieron al Reino Unido. Eran conocidos por causar problemas en la zona de Nueva York en favor de sus lealtades.

Existe cierta confusión sobre cómo ella y un compañero soldado, que respondía al nombre de Richard Snow, fueron detenidos por un *tory* en un ático sofocante. El *tory*, que se llamaba Abraham Van Tassel, los mantuvo allí en su casa hasta que Snow, que estaba enfermo en ese momento, no pudo soportar el confinamiento y murió.

En junio de 1782, Sampson, acompañado de otros dos sargentos, lideró un grupo de 30 soldados de infantería en un enfrentamiento contra los *tories*. La lucha terminó con Sampson reclamando su venganza por la muerte de Snow y la captura de 15 hombres. Se dice que durante el asedio de Yorktown participó en la excavación de trincheras y soportó el intenso fuego de los cañones.

Ella y sus compañeros llegaron a Fort Ticonderoga en noviembre de 1782. Allí se enfrentó a los nativos americanos que apoyaban a los *tories* con la esperanza de que les ayudaran a recuperar sus territorios perdidos. El general John Paterson era consciente del comportamiento optimista y entusiasta de Sampson. En abril de 1783, Sampson había sido ascendido a ayudante personal del general. Sus tareas incluían limpiarle las botas, lustrar sus espadas, organizar su ropa, prepararle la comida y hacerle diversos recados. A cambio, recibió una modesta habitación para ella sola y una cama de plumas.

No mucho después, el general George Washington hizo la declaración de «cese de hostilidades entre los Estados Unidos de América y el Rey de Gran Bretaña». Sampson no estaba segura de cómo se sentía ante este anuncio. Le preocupaba que el fin de la guerra significara el regreso a su antigua vida.

El secreto salió a la luz

Cuando la guerra se acercaba a su fin, Sampson fue destinada con su unidad militar a Filadelfia. La misión consistía en combatir una rebelión liderada por algunos oficiales estadounidenses como parte de una operación de limpieza. Con lo que Sampson no contaba era con la malaria. Le atacó una fiebre tan dura que hubo conversaciones entre los encargados de organizar los funerales sobre dónde llevar su cuerpo. A la deriva entre la consciencia y la inconsciencia, apenas podía controlar quién tenía acceso a su cuerpo. Sin embargo, el destino quiso que fuera el Dr. Barnabas Binney quien la tratara. Mientras trataba a la joven soldado, el médico descubrió su verdadero sexo, pero decidió mantenerlo en secreto. Solo reveló la verdadera identidad de Deborah a otra mujer que atendía a los heridos y recibió instrucciones de guardar el secreto para sí misma.

Tras recobrar el conocimiento, el buen doctor hizo que Sampson fura trasladada a su propia casa, donde fue atendida por su familia, concretamente por su sobrina. Cuando se hubo recuperado por completo, se dirigió de nuevo a la línea del deber con el general Paterson. Una creencia popular afirma que, antes de partir, el doctor Binney escribió una carta al general revelándole su verdadero sexo, y este le pidió que se la entregara. Cuando Deborah entregó la carta al general, este pareció más sorprendido que enfadado. Los registros de varios soldados presentes, así como los de los generales, sugerían que manejó la noticia con gracia y compostura. En lugar de sufrir graves consecuencias por su engaño, la joven soldado fue licenciada con honores del Ejército Continental por el general Henry Knox y el comandante en jefe George Washington.

Su tiempo en el ejército terminó en octubre de 1783.

Sampson fue dada de baja y pasó a trabajar como peón en la granja de su tío en Stoughton, Massachusetts, antes de trasladarse a Boston. No fue hasta la primavera de 1784 cuando volvió a vestir faldas; hasta entonces, llevaba ropa de hombre y partes de su atuendo militar.

En abril de 1784, Deborah se casó con Benjamin Gannett, un granjero de Sharon, Massachusetts. Tuvo tres hijos: dos hijas y un hijo, que más tarde se convirtió en soldado, al igual que su madre.

Su experiencia se publicó por primera vez bajo el título «The Female Review» en 1797. Más tarde, en 1802, Deborah contrató a un escritor para que compusiera un discurso sobre su vida.

Como veterana, tenía derecho a reclamar una paga atrasada y una pensión. Hizo una petición que fue aprobada por la legislatura de Massachusetts y el gobernador John Hancock. Los atrasos se aprobaron con intereses. Recibió una pensión militar completa después de que su amigo y patriota, Paul Revere, utilizara su influencia para convencer a los poderosos de que le pagaran lo que le debían. Paul Revere adquirió notoriedad cuando alertó a los soldados de la aproximación de las fuerzas británicas recorriendo a caballo todo el camino desde Boston hasta Lexington y Concord, Massachusetts. El Congreso estadounidense también concedió a Sampson un terreno.

La pensión que recibió fue de 4 dólares como compensación por ser un soldado herido mientras estaba de servicio. Con la ayuda de este dinero, ella y su familia pudieron comprar una casa y cultivar sus propias tierras. La pensión se duplicó en 1818. La familia salió adelante, pero no por mucho. A veces, Deborah intentaba aumentar los ingresos familiares dando clases en una escuela cercana.

En ocasiones, se le pedía que asistiera a eventos y diera conferencias sobre su tiempo en el ejército. Sampson estaba encantada de hacerlo y no tenía ningún problema en añadir datos exagerados a sus historias para hacerlas más interesantes. Se hizo famosa por llamarse a sí misma la «heroína estadounidense». También se la considera la primera mujer conferenciante de la historia de Estados Unidos.

Deborah Sampson Gannett falleció el 29 de abril de 1827, a la edad de 68 años. Fue enterrada cerca de su casa, y en su lápida se leía: «La mujer soldado». Su marido, Benjamin, suplicó al congreso estadounidense que le concediera la continuación de la pensión de su esposa. Sin embargo, era poco probable que se aprobara, ya que, en aquella época, no existían leyes para conceder a las viudas las pensiones de sus maridos fallecidos, y mucho menos a los viudos.

En 1836, el viudo hizo otro llamamiento que llevó al Congreso a aprobar la ley. Entonces aportó pruebas de que las heridas de batalla de su esposa habían costado a la familia 600 dólares a lo largo de los años. Para entonces, la familia se había empobrecido y necesitaba desesperadamente cualquier ayuda financiera.

Después de siete años, el gobierno de los Estados Unidos concedió a los descendientes de Sampson 466,66 dólares; sin embargo, su marido nunca tuvo la oportunidad de celebrarlo, ya que había fallecido 11 meses antes.

El Comité de Pensiones Revolucionarias declaró en 1837: «Toda la historia de la Revolución estadounidense no registra ningún caso como este, y no proporciona ningún otro ejemplo similar de heroísmo, fidelidad y valor femeninos... no puede haber un caso paralelo en todos los tiempos».

En honor a sus servicios y sacrificios, se erigió una estatua en su nombre frente a la biblioteca pública de Sharon. Fue declarada Heroína oficial del estado de Massachusetts. Hasta el día de hoy, Sampson es venerada como una de las mujeres soldado más valientes que se alistaron en el ejército de los Estados Unidos. Fue uno de los primeros símbolos femeninos en presentar la igualdad como un concepto alcanzable. Su historia sigue inspirando a las jóvenes de hoy a desafiar las barreras impuestas por la sociedad e intentar lo que algunos perciben como imposible e impensable.

Capítulo 4: Días oscuros de Valley Forge: historias de dolor y penuria

En medio de la guerra revolucionaria estadounidense, a medida que 1777 daba paso al invierno, el Ejército Continental se enfrentaba a un desafío de enormes proporciones. Se habían librado feroces batallas, los recursos menguaban y la moral del ejército estaba seriamente puesta a prueba. Para sobrevivir al duro invierno, decidieron instalarse en Valley Forge, Pensilvania. Sin embargo, esta decisión tuvo un alto precio. La mayoría de los soldados estaban mal equipados y carecían incluso de lo más básico, como zapatos. Además, el campamento se caracterizaba por el hacinamiento en los rudimentarios refugios y las escasas raciones de harina y agua. La situación era espantosa tanto para los soldados como para sus caballos, ya que muchos perecieron de hambre y exposición.

Este crudo invierno no solo puso a prueba los recursos del Ejército Continental, sino también la resistencia y determinación de sus soldados. Cuando por fin la primavera llegó, más de dos mil soldados habían pagado el precio más alto, sucumbiendo a la exposición y la enfermedad. Ante tal adversidad, en Valley Forge surgieron historias de coraje, sacrificio y liderazgo que mostraron el espíritu indomable de aquellos que soportaron aquellos momentos difíciles

El amargo invierno de Valley Forge

Con la llegada del invierno, la guerra de la Independencia ya llevaba dos años implacables. Batallas como las de Lexington y Concord, Bunker

Hill, Saratoga y Trenton habían quedado grabadas en la historia. Sin embargo, a finales de 1777, el Ejército Continental, estacionado en Whitemarsh (Pensilvania), estaba en mal estado. Las fuerzas británicas del general sir William Howe habían ocupado Filadelfia, la capital estadounidense, asestando importantes golpes a la causa rebelde. El ejército estaba desmoralizado y los suministros escaseaban peligrosamente.

Las fuerzas británicas del general sir William Howe ocuparon la capital estadounidense
https://commons.wikimedia.org/wiki/File:Gen._Sir_William_Howe.jpg

En medio de estos desafíos, el general Washington tomó una decisión crucial. Estableció el campamento de invierno en Valley Forge, situado aproximadamente a 20 millas de la Filadelfia ocupada por los británicos. La decisión estaba plagada de peligros, pero tenía una importancia estratégica. La proximidad de Valley Forge a Filadelfia fue decisiva. Permitía a Washington controlar los movimientos británicos, vigilar las actividades del enemigo y mantener la amenaza de una rápida ofensiva.

Estratégicamente, las defensas naturales de Valley Forge, con terreno elevado y el río Schuylkill, ofrecían una posición ventajosa. Podía servir de fuerte elemento disuasorio ante una ofensiva británica. Aunque Valley Forge no ofrecía ninguna garantía de suministros abundantes, las tierras de cultivo circundantes tenían el potencial de proporcionar provisiones, aunque de forma intermitente.

Cuando el Ejército Continental llegó a Valley Forge, se enfrentó a una serie de enormes desafíos magnificados por el implacable invierno. Uno de los más flagrantes fue la falta de ropa adecuada. Muchos caminaban por la nieve sin zapatos, dejando un rastro de huellas ensangrentadas. Sus pies helados y heridos eran un crudo testimonio de su sacrificio.

El refugio era otra preocupación acuciante. Los soldados, con poco más que las rudimentarias herramientas disponibles, se encargaron de construir sus propias chozas. Estas estructuras, a menudo compuestas de troncos, barro y paja, proporcionaban una protección limitada contra el frío cortante y la nieve. El proceso de construcción de estos refugios era laborioso y llevaba mucho tiempo, dejando a las tropas expuestas a los implacables elementos. La escasez de alimentos provocaba un sufrimiento constante. Los soldados subsistían con raciones escasas de pequeñas tortas hechas de harina y agua, y con un acceso poco frecuente a escasas porciones de carne. El hambre se convirtió en un compañero implacable durante este crudo invierno.

Los caballos del Ejército Continental, que eran esenciales para el transporte y las operaciones militares, se enfrentaron a sus propias luchas. El hambre y la exposición hicieron mella en estos valiosos activos, reduciendo la movilidad del ejército. En las condiciones de hacinamiento e insalubridad de Valley Forge, proliferaron las epidemias mortales. Enfermedades como el tifus, la disentería y la viruela se cobraron numerosas vidas y pusieron a prueba sus limitados recursos médicos.

A pesar de estos desafíos aparentemente insuperables, los soldados de Valley Forge demostraron una determinación y resistencia inquebrantables. El liderazgo del general Washington fue primordial para mantener la moral y asegurar suministros cruciales para el ejército. Además, la llegada del barón von Steuben, un oficial prusiano, marcó un punto de inflexión. Su experiencia en entrenamiento militar y disciplina transformó al Ejército Continental en una fuerza de combate más profesional y formidable.

En medio de esta sombría situación, el general Washington exhibió un notable liderazgo. Trabajó incansablemente para levantar la moral, manteniendo la disciplina entre sus tropas. Visitó personalmente a los sufridos soldados, compartiendo sus penurias y levantándoles el ánimo. También buscó suministros cruciales, así como apoyo del Congreso y de las comunidades cercanas.

Una historia que destaca es la del soldado Samuel, un joven soldado de Maryland. Se mantuvo firme a pesar de perder a varios compañeros por enfermedad y de ver cómo muchos otros perdían la esperanza. Dedicaba su tiempo libre a ayudar a sus compañeros a construir chozas más resistentes y compartía la poca comida que tenía. Su determinación inquebrantable y su actitud positiva sirvieron de inspiración a quienes estaban cerda de él.

La revolución del entrenamiento del barón von Steuben

Mientras el implacable invierno envolvía el campamento en gélidas temperaturas y un manto de nieve, los soldados se acurrucaban en chozas improvisadas... el espíritu golpeado por una serie de pérdidas y el cuerpo debilitado por la desnutrición y la enfermedad. Los británicos tenían Filadelfia y la causa revolucionaria estaba al borde del abismo. Pero, mientras los soldados se apiñaban, un rayo de esperanza apareció en el horizonte... un inesperado presagio de cambio: el Barón Friedrich Wilhelm von Steuben.

El barón von Steuben, un oficial prusiano con un ilustre historial militar, llegó a Valley Forge con la feroz determinación de cambiar el curso de la Revolución estadounidense. El Ejército Continental, aunque lleno de patriotismo y valor, estaba sumido en la desorganización y carecía de la profesionalidad necesaria para enfrentarse a los regulares británicos en combate. Consciente de esta grave situación, el barón von Steuben se embarcó en una misión para inculcar disciplina, orden y sentido de la profesionalidad al variopinto grupo de soldados estadounidenses.

Su llegada no pudo ser más oportuna. Mientras los soldados desafiaban el duro invierno, él no perdió el tiempo. Con una presencia autoritaria, el barón von Steuben comenzó a instruir a las tropas sin descanso. Sus primeras lecciones fueron fundamentales: cómo marchar correctamente, permanecer en formación y manejar las armas. Exigía precisión, disciplina y una inquebrantable atención a los detalles.

Los soldados, que habían soportado el frío cortante, la enfermedad y el hambre en Valley Forge, se enfrentaron inicialmente a las rigurosas exigencias del barón von Steuben con escepticismo. Sin embargo, cuando empezaron a ver los resultados de su entrenamiento, sus dudas se convirtieron poco a poco en respeto y admiración. Llegaron a comprender que estos estrictos métodos no pretendían quebrantar sus espíritus, sino convertirlos en una formidable fuerza de combate.

Una historia notable que surgió durante este periodo de transformación fue la del sargento Reynolds. Era un soldado experimentado que había sido testigo de las pruebas y tribulaciones del Ejército Continental. Su escepticismo inicial reflejaba el de muchos otros en el campamento. Sin embargo, el implacable entrenamiento del barón von Steuben y su compromiso inquebrantable de mejorar las habilidades de los soldados dejaron una marca indeleble en Reynolds.

Una vez desilusionado y cansado, el sargento Reynolds se transformó en uno de los alumnos más devotos del barón von Steuben. Su viaje personal desde un soldado desanimado a un líder disciplinado y motivado se convirtió en un emblema del profundo impacto del entrenamiento del barón von Steuben.

El régimen de entrenamiento era implacable, pero los soldados lo asumieron con una nueva determinación. Aprendieron tácticas militares, el arte de maniobrar en el campo de batalla y la importancia del trabajo en equipo. La disciplina se convirtió en el orden del día, y a medida que los soldados perfeccionaban sus habilidades, su confianza aumentaba.

Cuando llegó la primavera y los soldados de Valley Forge salieron de su campamento, estaban transformados. La implacable instrucción del barón von Steuben y su pericia militar habían redefinido el Ejército Continental. El aumento de la moral, la disciplina y las nuevas habilidades les dieron una oportunidad de luchar en las batallas que les esperaban.

A medida que el Ejército Continental continuaba su campaña, los soldados que habían soportado el crudo invierno en Valley Forge, bajo la tutela del barón von Steuben, mostraron una notable resistencia y profesionalidad en el campo de batalla. Su inquebrantable compromiso con la causa de la independencia de Estados Unidos era ahora equiparable a la destreza militar que habían adquirido. El impacto del barón von Steuben resonó mucho más allá de Valley Forge, ya que sus métodos y enseñanzas darían forma al futuro del Ejército Continental y contribuirían al éxito final de la Revolución estadounidense.

El regalo del calor

En el brutal invierno de 1777-1778, mientras el Ejército Continental se enfrentaba al frío implacable y a las fuertes nevadas en Valley Forge, surgió un gesto de apoyo conmovedor por parte de las comunidades locales. Los soldados se enfrentaban a dificultades inimaginables, sus filas carecían de la ropa adecuada para soportar el implacable invierno. La situación era desesperada, pero el espíritu de unidad y sacrificio brillaba con luz propia.

Entre los residentes locales, un individuo de una larga estirpe de antepasados patriotas sintió la profunda obligación de marcar la diferencia. Inspirado por las historias de la participación de su familia en la guerra de la Independencia, reunió a amigos, vecinos y familiares para que se unieran a su misión. En una noche especialmente gélida, este grupo se reunió en una modesta casa de campo. Reunieron todos los hilos y materiales disponibles, conscientes de que estos recursos aparentemente ordinarios podían servir de salvavidas para los soldados de Valley Forge. Sus dedos trabajaron sin descanso, tejiendo bufandas, mitones y calcetines... cada puntada era una muestra de apoyo.

Las semanas se convirtieron en meses mientras el grupo seguía trabajando sin descanso. Se contaban historias sobre los sacrificios de los soldados, su inquebrantable compromiso con la causa revolucionaria y el crudo invierno que estaban soportando sin ropa adecuada. A medida que el invierno se hacía más profundo, los frutos tangibles de su trabajo tomaron forma, lo que fue un testimonio de su determinación. Con una carreta cargada con sus productos artesanales, los voluntarios emprendieron un difícil viaje a Valley Forge. El camino estaba plagado de dificultades, pero su determinación nunca flaqueó.

Al llegar al campamento, los voluntarios fueron recibidos con un espectáculo conmovedor. Los soldados, que luchaban por mantenerse calientes en sus chozas improvisadas, recibieron la ropa de abrigo con los ojos llenos de lágrimas. Las bufandas, los mitones y los calcetines no eran meros objetos físicos, sino también poderosos símbolos del apoyo inquebrantable de sus compatriotas. Los soldados aceptaron los regalos con gratitud, expresando su sincero agradecimiento por la solidaridad de sus conciudadanos. El acto de bondad y la dedicación de estos voluntarios proporcionaron no solo calor, sino también una profunda sensación de tranquilidad durante los días más duros del invierno.

La historia de estos abnegados voluntarios y el inquebrantable apoyo de su comunidad a los soldados de Valley Forge es emblemática de los innumerables actos de bondad y solidaridad que tuvieron lugar durante la guerra de la Independencia estadounidense. Pone de relieve el espíritu de unidad, el sacrificio compartido y el compromiso permanente con la causa de la independencia estadounidense. Los soldados sacaron fuerzas sabiendo que no estaban solos en su lucha y que el calor de la generosidad de sus compatriotas podía iluminar el más oscuro de los inviernos.

El diario del capitán Benjamin Gilbert

El diario del capitán Benjamin Gilbert ofrece un conmovedor y vívido relato de primera mano de las pruebas y tribulaciones a las que se enfrentaron los soldados en Valley Forge durante el invierno de 1777-1778. Sus anotaciones ofrecen una ventana a las luchas diarias y a la determinación inquebrantable del Ejército Continental en las condiciones más duras.

En su diario, el capitán Gilbert documentó meticulosamente el devastador impacto de la enfermedad que arrasó el campamento de Valley Forge. Los soldados enfermaron de diversas dolencias, como viruela, tifus y disentería. La falta de saneamiento adecuado, las condiciones de hacinamiento y la exposición a los elementos contribuyeron a la rápida propagación de estas enfermedades. Los relatos de Gilbert proporcionan detalles específicos del sufrimiento padecido por sus compañeros soldados, ilustrando la cruda realidad de su situación.

Los escritos del capitán Gilbert describen con crudeza la inadecuada vestimenta de los soldados. Muchos de ellos carecían de calzado adecuado, lo que los obligaba a envolverse los pies en trapos para protegerse del frío. La escasez de ropa de abrigo aumentaba su miseria mientras luchaban por mantenerse calientes durante el crudo invierno. Las anotaciones del diario de Gilbert ofrecen ejemplos concretos de los intentos de los soldados por hacer frente a la escasez de ropa, mostrando su ingenio y determinación.

A pesar de las duras circunstancias y el masivo sufrimiento, el diario del capitán Gilbert también refleja el espíritu inquebrantable y la resistencia de los soldados. Sus escritos revelan su determinación para perseverar ante la adversidad. El sentido de propósito de los soldados y su compromiso con la causa revolucionaria se mantuvieron firmes, incluso ante las dificultades extremas. Este espíritu perdurable era un testimonio de su dedicación a la Revolución estadounidense y de su confianza en su comandante en jefe, el general George Washington.

El diario del capitán Gilbert subraya la profunda confianza de los soldados en el liderazgo del general Washington. A menudo escribía sobre cómo la presencia de Washington y su compromiso personal con su bienestar servían como fuente de inspiración y motivación. Los soldados se consolaban sabiendo que su comandante en jefe compartía sus penurias y se dedicaba a asegurarles las provisiones y el apoyo que necesitaban para soportar el duro invierno. La inquebrantable determinación del general Washington era un faro de esperanza que mantenía a los soldados en movimiento.

Memorias del soldado Joseph Plumb Martin

Las memorias del soldado Joseph Plumb Martin ofrecen un interesante y detallado relato de la dura realidad a la que se enfrentaron los soldados en Valley Forge durante el duro invierno de 1777-1778. Sus escritos proporcionan una perspectiva de primera mano sobre las brutales condiciones soportadas por el Ejército Continental y su inquebrantable compromiso con la causa revolucionaria.

En sus memorias, Joseph Plumb Martin describe vívidamente la terrible escasez de zapatos entre los soldados de Valley Forge. Describe cómo muchos soldados, incluido él mismo, se vieron obligados a envolverse los pies en harapos debido a la falta de calzado adecuado. Los relatos de Plumb Martin ofrecen detalles específicos de la lucha de los soldados para proteger sus pies, poniendo de relieve el alcance de su sufrimiento físico.

A pesar de las terribles circunstancias, los escritos de Joseph Plumb Martin revelan su inquebrantable dedicación a la causa revolucionaria. Mantuvo un firme compromiso con los ideales de la independencia de Estados Unidos, incluso ante la adversidad. Sus memorias transmiten un profundo sentido de propósito y una firme creencia en la importancia de la lucha revolucionaria. Este compromiso alimentó su determinación para soportar las penurias de Valley Forge y perseverar en los momentos más oscuros.

A lo largo de sus escritos, la determinación de Joseph Plumb Martin para soportar los desafíos de Valley Forge es evidente. No vaciló en su resolución de continuar la lucha por la independencia estadounidense, incluso cuando los soldados se enfrentaban a sufrimientos extremos, hambre y enfermedades. Los escritos de Plumb Martin ilustran la notable resistencia de los soldados y su espíritu inquebrantable, que les permitió soportar el duro invierno y mantener su compromiso con la causa revolucionaria.

En medio del escalofriante invierno de 1777-1778 en Valley Forge, el liderazgo del general George Washington y su inquebrantable compromiso con el Ejército Continental desempeñaron un papel fundamental para sostener a los soldados durante un periodo difícil y calamitoso. Las acciones de Washington, junto con las de algunos soldados, demostraron la resistencia, la determinación y el espíritu indomable de la Revolución estadounidense.

El liderazgo de George Washington

El liderazgo del general George Washington se caracterizó tanto por su perspicacia estratégica como por su devoción personal a sus tropas. Valley Forge, a unas 20 millas de la Filadelfia ocupada por los británicos, fue elegido como campamento de invierno debido a su proximidad al enemigo. Esta decisión estratégica permitió a Washington vigilar los movimientos británicos, manteniendo un ojo vigilante sobre sus actividades a la vez que suponía una amenaza potencial para la ciudad.

Washington reconocía la urgente necesidad de suministros, y trabajó incansablemente para conseguir provisiones para sus tropas. Escribió fervientes cartas al Congreso, instándoles a proporcionar alimentos, ropa y equipo. Sus llamamientos y su dedicación al bienestar de sus soldados fueron notables. Aunque la ayuda tardó en llegar, su inquebrantable determinación sirvió de fuente de inspiración.

Finalmente empezaron a llegar los suministros, y la resistencia de los soldados ante la adversidad fue un aspecto definitorio de su experiencia. El general Washington comprendió que era crucial levantar la moral. Inspiró a sus tropas con su presencia, visitando a menudo el campamento e interactuando con sus hombres. Su compromiso permanente con su bienestar y su inquebrantable determinación fueron una fuente de fortaleza.

Con la llegada de la primavera, los soldados salieron de Valley Forge. Su disciplina, el aumento de su moral y las nuevas habilidades adquiridas fueron decisivas en las batallas que siguieron. El brutal invierno había puesto a prueba su temple, pero su notable resistencia y determinación contribuyeron en última instancia al éxito de la Revolución estadounidense.

En esencia, el invierno en Valley Forge desempeñó un papel vital en la Revolución estadounidense al forjar un Ejército Continental más resistente, disciplinado y decidido. El compromiso inquebrantable de los soldados, el liderazgo transformador del general George Washington y la resistencia nacida de la adversidad contribuyeron al éxito final de la causa revolucionaria. Valley Forge sigue siendo un símbolo perdurable de los sacrificios realizados en la búsqueda de la libertad y la independencia de Estados Unidos.

Capítulo 5: La batalla de Saratoga: El cambio del curso de la guerra

La batalla de Saratoga fue un punto de inflexión vital en la guerra de la Independencia. La combinación de la rendición británica y la capacidad de los estadounidenses levantó la moral y fue la base sobre la que se construyeron las alianzas estadounidenses con las fuerzas francesas. En Saratoga se libraron dos batallas principales, la de Freeman's Farm y la de Bemis Heights. El apoyo extranjero proporcionado por los franceses, unido a la renovada convicción entre los estadounidenses de que podían ganar la guerra, revitalizó el espíritu del Ejército Continental y de otras milicias que se unieron a ellos en la lucha.

La batalla de Saratoga fue un punto de inflexión en la guerra revolucionaria
https://commons.wikimedia.org/wiki/File:surrender_of_General_Burgoyne.jpg

Los británicos se aproximaron a Albany, Nueva York, con tres ejércitos que pretendían converger en el centro para arrollar a las fuerzas estadounidenses flanqueándolas por ambos flancos. Sin embargo, los británicos fracasaron estrepitosamente ante la superior planificación militar de las fuerzas estadounidenses. Tras la batalla, los británicos sufrieron casi 1.200 bajas, mientras que los estadounidenses solo perdieron 330 de sus soldados. Impresionada por el resultado de la batalla, Francia firmó el Tratado de Alianza con Estados Unidos y, más tarde, los holandeses y los españoles también ofrecieron ayuda porque querían reducir el poder monopolizado por Gran Bretaña en Europa en aquel momento.

Saratoga puede destacarse como el principio y el fin del dominio del imperio en América. Después de este balance, la independencia ya no parecía un objetivo inalcanzable, sino que se convirtió en una realidad tangible a medida que los estadounidenses crecían en confianza. John Burgoyne estaba al mando del ataque que pretendía controlar el valle del río Hudson. Sin embargo, Burgoyne regresó a Inglaterra deshonrado y nunca volvió a ocupar un puesto de mando. Superando ampliamente en número a los británicos en algunos momentos y replegándose estratégicamente al saber cuándo enviar nuevas unidades, los estadounidenses fueron capaces de diseminar por completo a las fuerzas británicas, escasas de suministros. La marea cambiante de la batalla arrojó una nueva luz sobre Estados Unidos como un ejército de élite al que no se podía subestimar. Los cimientos vertidos en Saratoga permitieron a los estadounidenses edificar su torre hacia la victoria final.

Primeras fases de las campañas del norte en la guerra de la Independencia

La guerra en el frente norte duró desde 1775 hasta 1777. Hubo altibajos en este periodo, con el ejército de George Washington cometiendo errores críticos contra las maniobras bien ejecutadas de la armada británica. Las pérdidas resultantes permitieron a los británicos capturar Manhattan y Long Island. Los estadounidenses estuvieron a punto de ser derrotados, pero el ejército británico se contuvo, lo que les permitió reagruparse y replantear su estrategia.

Tras la declaración de independencia de las trece colonias, los sentimientos separatistas empezaron a crecer y a ganar apoyo popular. Uno de los focos de esta mentalidad revolucionaria era Nueva

Inglaterra, donde se producía una constante agitación rebelde. Por ello, los británicos idearon un plan para mantener a Nueva Inglaterra aislada del resto de las colonias con el fin de evitar la propagación de la ideología separatista entre las regiones del sur, que la corona creía más proclives a ser leales.

Una de las principales victorias de las fuerzas de Washington fue en Boston, donde el general hizo que el ejército británico abandonara la zona. Washington no podía dormirse en los laureles porque sabía que los británicos responderían, por lo que era primordial para él decidir cómo procederían en el período posterior. Las preocupaciones de Washington eran válidas porque los británicos se apoderaron más tarde de Nueva York, cuya posición de control era inmejorable debido a su situación geográfica cercana a vías fluviales, lo que presentaba un amortiguador divisorio entre fuertes regiones separatistas.

Cuando los británicos expulsaron a Washington y sus fuerzas de Manhattan, los combates continuaron en White Plains. Debido a las pérdidas sufridas en Manhattan, Washington planeó incursionar en Filadelfia, por lo que el general se estableció en Nueva Jersey. Los británicos, bajo el mando de William Howe, optaron por no atacar a los estadounidenses en este punto vulnerable, cuando estaban escasos de suministros y motivación. George Washington vio la falta de agresividad como una oportunidad para atacar tanto Princeton como Trenton. Cuando el Ejército Continental estaba entre la espada y la pared, estas milagrosas victorias renovaron la confianza en Washington, y nadie dudaría de su capacidad de liderazgo.

Incluso después de sus devastadoras derrotas en Nueva York, estas victorias iniciales captaron la atención de los líderes de toda Europa, que empezaron a respetar la destreza militar de Washington. Los británicos seguían subestimando a las fuerzas estadounidenses porque, en ese momento, seguían ganando cómodamente la guerra con el control de grandes y significativas posiciones como Nueva York y Canadá. Sin embargo, el Ejército Continental seguía estando muy desorganizado, con constantes deserciones de soldados y la aparición de otras milicias que a menudo desbarataban los planes del Ejército Continental. Washington se vio obligado a mantener una correspondencia constante con el Congreso, abogando por un ejército bien entrenado y profesional, así como por un mejor apoyo logístico para hacer llegar los suministros a las zonas que los necesitaban con urgencia. Washington estaba librando una ardua batalla en el norte antes de sus victorias decisivas en Saratoga. A finales de 1776, la situación para el movimiento independentista parecía sombría; sin embargo, algunos errores de comunicación clave y la ejecución incompetente de los planes de invasión en Saratoga permitieron que la guerra diera un vuelco para los atribulados estadounidenses.

Enfrentamientos iniciales de las fuerzas estadounidenses

El plan británico consistía en llegar a Nueva York desde tres direcciones diferentes, convergiendo en Albany. John Burgoyne marchó desde Canadá, derrotando a las tropas estadounidenses en Vermont. Algunas de las tropas de Burgoyne fueron derrotadas en Bennington, por lo que contaba con una fuerza de combate mucho menor. Burgoyne llegó a las afueras de Saratoga en septiembre de 1777. Sin embargo, con sus efectivos ya mermados, estaba mal preparado para enfrentarse a los soldados al mando del general Horatio Gates. Por su parte, Gates comandaba el Departamento Norte del Ejército Continental y desplegó 8.500 soldados preparados para la esperada embestida de Burgoyne. El general Benedict Arnold y el coronel Daniel Morgan ayudaron a Gates. Morgan estaba al mando de 500 hábiles fusileros, lo que sería muy útil contra los británicos, que estaban mejor entrenados y organizados.

La zona, que era un denso bosque, jugaba a favor de los tiradores de Morgan. Utilizando la naturaleza a su favor, los tiradores pudieron esconderse en la espesura y emboscar a los hombres de Burgoyne con constantes disparos de rifle. Arnold y Morgan construyeron fuertes y murallas con artillería pesada y cañones desde los que podían disparar a los enemigos tanto en el camino como en el río. El denso bosque obligaba a las tropas británicas a utilizar la carretera o el río para atacar, por lo que se convirtieron en presa fácil para los artilleros.

Si Burgoyne hubiera contado con fuerzas suficientes, y si se hubiera coordinado con otras unidades británicas, el resultado de esta batalla inicial habría sido diferente. Aunque Howe se llevó gran parte del mérito en las cartas, rápidamente se corrió la voz de los esfuerzos de Benedict Arnold, aclamado como héroe nacional entre los separatistas de toda América antes de su desafortunada desgracia, basada en ambiciones políticas.

Las enormes pérdidas estadounidenses aseguraron la fortaleza del ejército británico antes de que cambiara la marea de la guerra. Antes de que Burgoyne decidiera marchar desde Canadá hasta Nueva York, los estadounidenses habían fracasado en su intento de invadir el país que mantenía fuertes lealtades con la corona. La estrategia de tres frentes para converger en Albany fracasó estrepitosamente debido a la falta de coordinación, así como a la ausencia de refuerzos o suministros para sostener el gran ejército que Burgoyne comandaba.

Explicación de la batalla de Saratoga

La batalla de Saratoga decantó la guerra a favor de la lucha por la independencia estadounidense. Antes de este momento, las fuerzas estadounidenses parecían incapaces de salir victoriosas, y muchos soldados abandonaron el campo de batalla tras enfrentarse al abrumador poderío británico. Los británicos, en aquel momento, estaban tecnológica y organizativamente muy por delante del Ejército Continental. Sin embargo, gracias a la perseverancia, un poco de suerte, la recopilación de información y el posicionamiento estratégico, los estadounidenses lograron una victoria decisiva.

El plan británico consistía en que John Burgoyne marchara desde Canadá, mientras que el coronel Barry St. Leger se acercaría a Albany desde Oswego siguiendo al mismo tiempo el valle del Mohawk. El tercer componente de la triple estrategia era el ejército del general sir William Howe, que subía desde el sur hacia el río Hudson. El objetivo del plan era dejar abrumados a los estadounidenses flanqueándolos desde todos los ángulos. El entrenamiento superior y el arsenal militar de los británicos debían hacer presa fácil de los estadounidenses en Nueva York. La razón por la que necesitaban controlar esta zona era aislar a Nueva Inglaterra, que estaba alimentando sentimientos rebeldes. Si la corona era capaz de aturdir el auge del movimiento independentista manteniendo aislada a Nueva Inglaterra, podría convencer a su gran base de apoyo lealista en el sur para que se mantuviera firme en su apoyo al imperio.

Mientras Burgoyne marchaba hacia el río Hudson, se encontró con muchos obstáculos en el camino. Burgoyne encontró fuertes abandonados por sus comandantes, que probablemente habían sido avisados de su llegada. Burgoyne llegó primero a Fort Ticonderoga, con 9.000 soldados, entre ellos 3.000 alemanes especializados. Luchando a través de las desfavorables condiciones de bosques y pantanos, Burgoyne alcanzó Fort Edward, en el curso superior del Hudson, que también fue evacuado por el general Philip Schuyler, quien se retiró al norte de

Albany, en Stillwater. El general Horatio Gates asumió el mando del regimiento de Schuyler. Los hombres de Burgoyne habían sufrido el largo y agotador viaje, lo que lo llevó a enviar a algunas de las tropas alemanas a Vermont para que pudieran saquear algunos caballos y suministros. Sin embargo, los hombres alemanes se encontraron con formidables fuerzas bajo el mando del general John Stark y el coronel Seth Warner. Los combatientes hicieron un trabajo ligero con los alemanes, erradicando por completo a todo el escuadrón.

Con sus números menguando y su ejército sufriendo de suministros limitados, Burgoyne comenzó a preocuparse. Sus temores y ansiedades estaban bien fundados porque St. Leger estaba teniendo problemas en Fort Schuyler, retrasándose más de lo esperado. Pero para colmo de males, Burgoyne se enteró de que Howe había decidido abandonar la misión, optando en su lugar por dirigirse hacia Pensilvania. Burgoyne tomó la decisión de seguir adelante, obligado por el honor y su compromiso con la lucha. Con solo treinta días de raciones, el comandante procedió a cruzar el río Hudson y acampar cerca de Saratoga, en Nueva York. El general Gates estaba sobradamente preparado para la llegada de Burgoyne, esperándolo en Bemis Heights con una fuerza imparable de 12.000 hombres. Además, Gates tenía acceso a refuerzos y suministros, algo que no podía permitirse Burgoyne.

En la primera batalla de Saratoga, en Freeman's Farm, se produjeron un número increíblemente alto de bajas británicas al ser acribillados por los tiradores de Daniel Morgan, que utilizaban los bosques como cobertura. Los británicos marchaban por un camino abierto, por lo que eran presa fácil para los hábiles tiradores que acompañaban a Morgan. Cuando llegaron algunos refuerzos británicos y alemanes para apoyar a las descorazonadas fuerzas de Burgoyne, pudieron recuperar el campo abierto, pero ya habían perdido muchos más hombres que los estadounidenses.

Howe logró capturar Filadelfia, pero la victoria acabó no significando gran cosa en el contexto más amplio del conflicto. Henry Clinton, que dirigía las tropas estacionadas en Nueva York, capturó fuertes en el Hudson, pero no avanzó hacia Albany. Burgoyne esperó pacientemente los refuerzos que pensaba recibir de Clinton, pero nunca llegaron. Burgoyne estaba en una situación difícil, así que tomó la decisión ejecutiva de avanzar sin refuerzos... su orgullo no le permitía retroceder.

Los escasos efectivos de Burgoyne no iban a ser suficientes para derrotar a los estadounidenses en la segunda batalla de Saratoga en Bemis Heights. Burgoyne disponía de unos 5.000 hombres listos para el combate, por lo que envió a 1.500 de ellos en misión de reconocimiento mientras el resto de su ejército permanecía rezagado. La infantería continental se enfrentó valientemente a los británicos, y aunque los superaban en número, las tropas británicas eran más hábiles y estaban mejor organizadas. Sin embargo, cuando el ataque estadounidense empezó a decaer, apareció Benedict Arnold como salvador, seguido de una poderosa brigada. Con los refuerzos de Gates y Arnold, los británicos se vieron obligados a huir. Con la espalda contra la pared, Burgoyne no tuvo más remedio que retirarse. Gates había reunido un equipo de 20.000 soldados que rodearon a Burgoyne en su huida. El resultado fue que Burgoyne se rindió con sus tropas, a las que se permitió regresar a Gran Bretaña con la condición de que no volvieran a pisar América. La maravillosa labor militar de Gates lo puso en la carrera para sustituir a George Washington, pero esto nunca llegó a fructificar, ya que Washington siguió siendo el comandante en jefe hasta que los británicos se rindieron.

Alianza francesa tras la batalla de Saratoga

La victoria, aparentemente imposible, convenció a Francia para que apoyara la lucha de Estados Unidos por la independencia. Las relaciones entre franceses y británicos ya eran inestables en aquel momento, por lo que aprovecharon la oportunidad de desestabilizar una parte del imperio, lo que serviría para reducir la influencia de Gran Bretaña en Europa. Los franceses proporcionarían ahora abiertamente apoyo militar al Ejército Continental. Francia consideraba a Inglaterra un enemigo y haría cualquier cosa por ver a sus rivales de siempre totalmente diseminados, pero no iban a actuar si consideraban que era un camino perdido. Los franceses no podían arriesgarse a una victoria británica sobre ellos debido a la tensa relación que mantenían ambos imperios.

La batalla de Saratoga demostró a los franceses que existía la probabilidad de que Estados Unidos pudiera ganar la guerra por la independencia. Ahora tenían una renovada confianza en el liderazgo de George Washington y podían estar tranquilos en las capacidades de élite del Ejército Continental. La alianza militar francesa con los estadounidenses les proporcionó suministros de guerra, como armamento, así como personal. Además, los franceses actuaron como apoyo diplomático de Estados Unidos en Europa. Sin la ayuda de los franceses, habría sido poco probable que los patriotas hubieran podido mantenerse firmes frente al inconmensurable poderío militar que el Imperio británico tenía detrás. La revolución no solo necesitaba el apoyo popular, sino también el respaldo en recursos de superpotencias mundiales como Francia.

La alianza franco-estadounidense se hizo oficial en 1778; sin embargo, a alianza empezó tambaleándose cuando el primer barco francés no pudo atracar en los puertos controlados por los británicos. Esto hizo que Charles d'Estaing, que comandaba la flota, se retirara al Caribe. Sin embargo, pronto la alianza empezó a fortalecerse y los franceses resultaron cruciales para asegurar la victoria estadounidense en la revolución. Aunque Francia benefició a Estados Unidos, no puede decirse lo mismo de ellos. La guerra en América drenó financieramente a Francia, lo que provocó una enorme recesión económica en el país. Muchos sostienen que la Revolución francesa de 1789 fue consecuencia directa de su implicación en la independencia de Estados Unidos. La guerra en América se globalizó rápidamente, ya que España y Holanda también se involucraron. Gran Bretaña declaró la guerra a los holandeses, mientras que Francia reclutó a sus aliados españoles para ayudar en América. La ayuda que los franceses ofrecieron a los norteamericanos y a otros países fue fundamental para conseguir la independencia de Estados Unidos.

El general Benedict Arnold

Aunque los libros de historia recuerdan al general Benedict Arnold como un traidor, hubo un tiempo en que muchos patriotas cantaron sus alabanzas como un héroe. Su papel en la independencia de Estados Unidos fue significativo y no debe pasarse por alto, independientemente de las acciones que llevó a cabo posteriormente. El éxito de Arnold como táctico en la batalla de Saratoga puede ser la razón por la que acabó traicionando a la revolución. El general cabalgó en primera línea, sufriendo una herida en las piernas. Las tropas que presenciaron su valentía difundieron su destreza militar, pero en los documentos oficiales y en los círculos importantes, otros se llevaron el mérito de su éxito. Los esfuerzos de Arnold no fueron recompensados, ya que muchos oficiales fueron ascendidos mientras que él permaneció con su rango. El héroe había sido relegado a un segundo plano porque a otros se les permitía reclamar el crédito que le pertenecía restando importancia a su valentía. Este resentimiento es lo que guio la decisión de Benedict Arnold de traicionar a sus compatriotas.

La vida de Benedict Arnold empezó a torcerse cuando su esposa participó en gastos frívolos que endeudaron al general. Finalmente fue juzgado por un consejo de guerra por mala conducta e irregularidades financieras. Se libró de ambos cargos al ser exonerado, pero Washington seguía viéndolo con malos ojos. Su resentimiento y su desesperación por conseguir dinero lo llevaron a conspirar con los británicos proporcionándoles información crítica sobre los entresijos del movimiento revolucionario. Cuando Washington quiso que se reincorporara al ejército en 1780, la amargura de Arnold ya lo había consumido. Arnold empezó a sabotear el puesto avanzado del río Hudson mientras proporcionaba información al mayor británico John André a través de su esposa. Arnold acabó dirigiendo tropas contra los estadounidenses y también viviendo en Inglaterra con su esposa, donde murió en 1801. Se puso una gran recompensa por su cabeza, y todo el trabajo que hizo en favor de la causa estadounidense quedó anulado por sus acciones posteriores; sin embargo, sigue siendo innegable que desempeñó un papel fundamental en el cambio de la guerra a favor de los patriotas.

Capítulo 6: El valle del Mohawk: Historias de traición y lealtad en la frontera

La esencia de la Revolución estadounidense residió en el valle del Mohawk y su gente. Esta región, que podría parecer minúscula en comparación con el tamaño de la totalidad de Estados Unidos, desempeñó un papel fundamental en la consecución de la libertad y la independencia de la nación. Este capítulo profundiza en las complejidades de los intereses y lealtades opuestos de los mohawks y en cómo las decisiones de cada uno, ya fueran impulsadas por el miedo, el interés propio o incluso la moralidad, tuvieron consecuencias que alteraron sus vidas.

Puente entre las colonias americanas y el Canadá gobernado por los británicos, el valle del Mohawk fue una de las regiones más significativas durante la guerra de la Independencia. Su situación geográfica, que contribuyó en gran medida al floreciente comercio, las excepcionales actividades agrícolas y el crecimiento económico de la ciudad de Nueva York, también lo convirtió en un lugar estratégico y muy deseable.

A medida que se intensificaban los conflictos, el valle del Mohawk se convirtió en el hogar de una población diversa. Tribus nativas, colonos europeos, patriotas y leales al dominio británico vivieron y lucharon por sus causas en este terreno polifacético. Después de leer este capítulo, conocerá las características geográficas y estratégicas que distinguen al valle del Mohawk y comprenderá los diversos factores que motivaron a sus habitantes a elegir sus lealtades. Desde los vínculos económicos y sociales hasta la moral, las creencias y los intereses personales, descubrirá las fuerzas motrices que impulsaron a los estadounidenses a tomar decisiones críticas.

También descubrirá cómo las tribus nativas americanas del valle del Mohawk se involucraron en el conflicto y las consecuencias de largo alcance de su implicación en la guerra de la Independencia. Por último, descubrirá cómo se desgarraron familias y amistades en las luchas civiles, como también el final de la guerra y las vidas de patriotas y leales tras la independencia de la nación.

Características geográficas del valle de Mohawk

La zona del valle del Mohawk comprende 5.862 millas cuadradas (15.180 km²), situadas en la región noreste de Estados Unidos, principalmente en Nueva York. El valle debe su nombre al río Mohawk, que desemboca en el río Hudson y, finalmente, en el océano Atlántico. El río servía de ruta de navegación para colonos, personas y mercancías, etiquetando el valle como un lugar estratégico y deseable.

Las tierras de la región eran también muy fértiles, lo que favoreció enormemente la industria agrícola, especialmente durante los siglos XVIII y XIX. El valle del Mohawk y la ciudad de Nueva York experimentaron un prometedor desarrollo económico. Curiosamente, el valle del Mohawk es la única zona de Nueva York que no comparte frontera con otro estado, ¡ni con Canadá!

La importancia histórica de la región

El valle del Mohawk desempeña un papel importante en la historia de Nueva York y de Estados Unidos en su conjunto. Antes de que los europeos colonizaran la nación, la región era el hogar de varias tribus nativas, como los mohawk, cayuga, oneida y seneca. También fue la cuna de la Confederación Iroquesa. Las comunidades nativas no solo dotaron a la región de una valiosa cultura e historia, sino que también sirvieron de intermediarios, facilitadores del comercio y socios de los colonos europeos. Los primeros colonos y exploradores europeos empezaron a construir pequeñas ciudades en la zona durante el siglo XVII. Los colonizadores ingleses siguieron a sus homólogos holandeses poco después, dando lugar a lo que hoy se conoce como la ciudad de Nueva York.

Después de que los colonizadores se acercaran a la región con la esperanza de crear un «Nuevo Mundo», este tesoro histórico y cultural se convirtió en una zona de guerra. Para ponerlo en perspectiva, un tercio de todas las guerras revolucionarias que tuvieron lugar en Estados Unidos se desarrollaron en Nueva York, la mitad de las cuales se libraron en el valle del Mohawk. La batalla de Saratoga, una de las luchas más importantes de la historia estadounidense, inclinó el resultado a favor de Estados Unidos.

El canal de Erie: Una vía navegable para el crecimiento económico

El canal de Erie, una de las vías navegables artificiales más notables de Estados Unidos, también se construyó en el valle del Mohawk. Este proyecto permitió la expansión de la frontera occidental de Estados Unidos, mejoró las actividades comerciales e instigó la Revolución Industrial, en la que el valle del Mohawk sirvió de centro de operaciones. Este ambicioso proyecto allanó el camino para otras empresas revolucionarias, como el establecimiento del Ferrocarril Central de Nueva York. La función prevista del canal de Erie era proporcionar una alternativa de transporte barata y segura para llevar a cabo actividades comerciales.

Aunque el proyecto se propuso en 1768, no fue hasta 1808 cuando hubo un consenso general entre las autoridades competentes de que el canal de Erie sería un establecimiento beneficioso. Esto condujo a la construcción del canal en 1817, cosechando mucho tráfico y florecientes actividades comerciales solo dos años después, lo que llevó a la ampliación del canal en 1836. Tras su finalización en 1825, el canal de 363 millas (580 kilómetros)de longitud se ganó el título de una de las innovaciones de ingeniería más increíbles.

El canal se amplió de nuevo en 1903 para satisfacer la creciente demanda. Entonces incorporó tres ramales principales: el canal de Cayuga y Séneca, el canal de Oswego y el canal de Champlain. Al servir de enlace entre el río Hudson y los Grandes Lagos, el canal de Erie contribuyó aún más al crecimiento económico de la región.

Ciudadanos norteamericanos y sus lealtades divididas

La lucha por la libertad de Estados Unidos del dominio colonial británico fue, en muchos sentidos, una guerra civil. Sorprendentemente, una quinta parte de los norteamericanos eran lealistas, lo que significa que apoyaron a Gran Bretaña durante el levantamiento de la revolución. Las motivaciones de los leales para apoyar al gobierno británico podían deberse al interés propio o a la cobardía, según los patriotas.

Los lealistas y por qué apoyaban a la Corona británica

Muchos estadounidenses, especialmente los que residían en el valle del Mohawk, tenían vínculos políticos, económicos y sociales con Gran Bretaña. Muchos dependían de las actividades comerciales y mercantiles que dependían en gran medida de los bienes y mercados de los colonos. El gobierno británico también ofrecía subvenciones a los colonos del valle del Mohawk, entre otras partes de EE. UU., lo que hacía que los terratenientes se sintieran en deuda con el dominio británico.

Muchos temían hablar y rebelarse contra el régimen colonialista porque no querían arriesgarse a perder sus títulos de propiedad. Muchos leales también tenían afiliaciones religiosas con la Corona británica. Los anglicanos, por ejemplo, eran históricamente devotos de la Iglesia de Inglaterra, lo que hizo que los miembros de este grupo religioso transfirieran su lealtad inherente al dominio británico.

Las personas que tenían conexiones sociales o comunitarias con miembros de la autoridad británica, como oficiales militares y otro personal gubernamental, podían sentirse leales a estas personas, sus cargos y sus antecedentes. Muchos leales sentían la obligación de respetar estos vínculos, aunque no estuvieran totalmente de acuerdo con el régimen y las políticas británicas.

El consenso general era que los leales eran muy reacios a unirse a la lucha por la libertad de Estados Unidos por miedo a las represalias. Todos sabían que la corona británica era capaz de infligirles duras consecuencias y persecuciones por parte de los colonos locales si hubieran mostrado abiertamente su apoyo a la revolución. Dicho esto, los lealistas también se enfrentaron a mucha hostilidad y presión por parte de los no lealistas. Fueron víctimas de la violencia física y verbal, el exilio y la destrucción de propiedades como consecuencia de su apoyo al colonialismo, razón por la cual, una vez finalizada la guerra revolucionaria, el Parlamento británico identificó a los que estaban a favor del gobierno del rey, ofreciéndoles una compensación por lo que habían soportado.

Los patriotas y sus motivaciones para la revuelta

Los patriotas que mostraron abiertamente su deseo de independencia estaban impulsados por ideales nacionalistas de libertad y democracia. Muchos habitantes del valle del Mohawk, junto con otros de la nación, creían firmemente en las causas de la autodefensa, la autodeterminación y la libertad. La gente también se sentía más obligada a tomar partido contra la realeza porque se veían profundamente afectados por políticas opresivas como la Ley de Acuartelamiento (Quartering Act), que obligaba a las autoridades coloniales a proporcionar todo tipo de comodidades como combustible, alimentos y bebidas, medios de transporte y cuarteles a las fuerzas británicas en sus zonas. Los estadounidenses también tenían que pagar impuestos sin obtener nada a cambio de su dinero, y sus ingresos y crecimiento económico se veían obstaculizados por las restricciones comerciales.

Surgieron muchos líderes locales para inspirar a los patriotas a defender la libertad de su nación, lo que les permitió solidificar sus argumentos y recabar más apoyo para la causa. El ejército británico organizaba a menudo incursiones y ataques violentos, lo que hizo que los estadounidenses sintieran el deber de protegerse a sí mismos y a su hogar. Los patriotas empezaron a establecer unidades militares locales y ayudaron a crear un ejército fuerte ante el temor de correr el riesgo de ser desplazados y sufrir ataques constantes. Los que vivían en el valle del Mohawk fueron más allá de la protección de la zona en la que vivían. Muchos de ellos también se alistaron en las milicias continentales o estatales y participaron en campañas regionales dirigidas contra el dominio colonial británico y los leales. Participaron en tácticas de guerra de guerrillas y crearon unidades de defensa en un esfuerzo por destruir las líneas de suministro y las comunicaciones británicas.

Además de querer luchar contra las injusticias derivadas del dominio colonial británico, muchos patriotas vieron en la rebelión una oportunidad económica y social. Sabían que la obtención de su libertad conduciría en última instancia al crecimiento económico y a la movilidad, puesto que ya no se impondrían las restricciones comerciales. La gente también viviría de forma más libre y justa sin sentirse aterrorizada y controlada.

Sin lugar para la neutralidad: La presión para tomar partido

Muchos de los ciudadanos que adoptaron una postura neutral se vieron obligados a elegir uno de los dos bandos a medida que se intensificaban las luchas. Los patriotas implementaron un acuerdo de no importación que restringía la importación de bienes y prometían juramentos de lealtad, lo que provocó que muchos individuos neutrales se unieran a la postura contraria a los poderes coloniales. Otros fueron acosados por los leales y los militantes británicos para que se aliaran con el colonialismo.

La mayoría de la gente tuvo que tomar decisiones que iban en contra de su moral personal y sus opiniones políticas. Por ejemplo, algunos grupos religiosos, como los cuáqueros de Pensilvania, que estaban en contra de toda forma de violencia, no tuvieron más remedio que aliarse con los leales porque los patriotas exigían encarecidamente que todos los hombres con capacidad física se alistaran en el servicio militar, aunque quisieran mantener una postura neutral. Algunos terratenientes patriotas también imponían elevados alquileres e impuestos de guerra a los inquilinos, lo que hizo que muchos creyeran que aceptar el dominio colonial británico ofrecería cierto alivio económico.

La gente también tomó sus decisiones basándose en factores sociales, como los prejuicios étnicos. Los escoceses que se habían trasladado recientemente a Nueva Inglaterra sufrían malos tratos por parte de los estadounidenses, lo que hizo que se inclinaran por apoyar el dominio británico. Sorprendentemente, varias tribus nativas americanas pensaban que sus reivindicaciones territoriales estarían protegidas bajo la realeza británica, lo que les hizo recurrir a las potencias coloniales en busca de protección frente a la expansión estadounidense. Los británicos también encontraron una oportunidad para conseguir que más gente se alistara en el ejército británico y se uniera a la causa colonial prometiendo a los esclavizados por los patriotas la libertad a cambio de su servicio.

El auge de la Revolución estadounidense en el valle del Mohawk

En 1777, las potencias coloniales británicas emprendieron una campaña polifacética con la esperanza de suprimir la Revolución estadounidense. Su principal objetivo era hacerse con el control total de los ríos Mohawk y Hudson. De este modo, estarían a cargo del comercio y las actividades económicas, a la vez que separarían Nueva Inglaterra de las demás colonias americanas.

En pos de esta campaña, las fuerzas británicas se embarcaron en varias expediciones simultáneas. Se dirigieron desde Canadá hacia las colonias del sur de Norteamérica mientras se dirigían hacia el este desde el lago Ontario. Sin embargo, este último viaje se saldó con una derrota fulminante. Otras fuerzas británicas estaban estacionadas en la ciudad de Nueva York. Creían que la decisión de enfrentarse al general George Washington sería más beneficiosa que avanzar hacia las colonias del norte. Poco sabían, sin embargo, que su estancia en la Gran Manzana sería la razón principal de su derrota, inclinando las probabilidades a favor de los patriotas.

La batalla de Oriskany

La batalla de Oriskany tuvo lugar entre las tropas británicas y las fuerzas sublevadas
https://commons.wikimedia.org/wiki/File:Herkimer_at_oriskany.jpg

El 6 de agosto de 1777 estalló una batalla entre las tropas británicas y las fuerzas sublevadas del valle del Mohawk. Las tropas británicas avanzaron hacia el este, en dirección a Nueva York, y exigieron que Fort Stanwix se rindiera a sus poderes. Las milicias estadounidenses, sin embargo, se dirigieron a la zona sitiada desde el valle del Mohawk para defender y liberar el territorio. Cuando los 800 mohawks se dirigían hacia Fort Stanwix, fueron emboscados por 1200 milicianos británicos y algunos aliados iroqueses cerca de Oriskany Creek. Esta batalla se saldó con muchas bajas en ambos bandos. A pesar de lo que parecía un resultado prometedor para las fuerzas británicas, no pudieron capturar

Fort Stanwix. Aunque la batalla terminó sin un claro vencedor, ya que ambas fuerzas sufrieron importantes pérdidas, supuso un claro revés para la campaña británica.

Escalada de divisiones

La presión para tomar partido provocó profundas divisiones entre personas, familias y amistades. Este conflicto se extendió también a las tribus nativas americanas. Los grupos se vieron obligados a separarse al aliarse con fuerzas enfrentadas. Además, la agitación provocó tragedias entre los colonos europeos. Alrededor del 24% de ellos fueron asesinados o tuvieron que huir del país. Alrededor del 33% de los colonos restantes se trasladaron a Canadá como leales. Sin embargo, muchos de ellos acabaron regresando y participando en actividades de saqueo contra los estadounidenses. Los colonos que no se fueron a ninguna parte tuvieron que defender sus propiedades y ayudar a mantener al ejército de George Washington.

La situación empeoró tras la victoria de los estadounidenses en la batalla de Oriskany y la derrota británica en Saratoga. Queriendo salvar lo que quedaba de su poder, la potencia británica comenzó a atacar a los indefensos habitantes del valle del Mohawk. Este trágico incidente se conoce ahora como la «quema de los valles». En represalia, los patriotas iniciaron las «incursiones fronterizas» como forma de venganza. Este periodo de violencia de ida y vuelta fue duro para ambos bandos, tanto para los militantes como para los civiles inocentes. Miembros de las mismas comunidades y tribus se enfrentaron entre sí, y estas luchas repercutieron en todos los aspectos de la vida de todos los implicados hasta el final de la guerra de la Independencia.

Nuevas esperanzas

1781 fue un punto de inflexión en la vida de los mohawks. Las esperanzas, los sueños y la redención surgieron de lo que parecían interminables sufrimientos, injusticias y derrotas. Todo este nuevo positivismo se atribuyó al coronel Marinus Willet, nombrado por el general George Washington al mando de las fuerzas mohawk. El nuevo coronel al mando condujo a la frontera a través de una serie de victorias. También reactivó la industria agrícola de la región. Bajo el poder colonial, las fértiles praderas y granjas fueron destruidas por las incursiones. Se quemaron cultivos y recursos, lo que hizo caer en picado el crecimiento económico de la región y su capacidad para mantenerse. Willet, sin embargo, ayudó a restaurar las tierras a sus condiciones iniciales. Bajo su liderazgo, los campos se volvieron abundantes en trigo y otros cultivos de sustento.

La abundancia de productos no solo aseguraba a la gente que tendrían suficiente para comer, sino que también les infundía esperanzas de un futuro mejor. El miedo y la sensación de incertidumbre e inseguridad empezaron a disiparse. La gente que huía aterrorizada empezaba a regresar a su tierra natal, y se restablecían las familias, las amistades y las conexiones sociales. En 1783, el general George Washington consideró justo visitar el valle del Mohawk para agradecer y honrar a quienes habían hecho sacrificios sin parangón en pos de la independencia de Estados Unidos.

¿Qué fue de los lealistas?

La derrota británica y la libertad de América significaron que los lealistas nunca podrían regresar a su patria. ¿Cómo podrían enfrentarse a la gente que luchó, experimentó pérdidas insuperables y renunció a tanto para ganarse la libertad de su nación? Alrededor de 7.500 de los 60.000 a 80.000 estadounidenses que abandonaron la nación se establecieron en Gran Bretaña. Otros leales intentaron hacer de Canadá, la Florida española o el Caribe sus hogares, mientras que la minoría intentó regresar a Estados Unidos.

Dondequiera que se establecieran, la mayoría de los leales no se sentían como en casa. Luchaban contra la pobreza o sentían una gran nostalgia. Sin embargo, los leales negros fueron los que peor lo pasaron. O contraían enfermedades mortales, sufrían una pobreza aguda o eran recapturados como esclavos y vendidos en el Caribe. Incluso después de sufrir las mortificantes consecuencias de apoyar al enemigo, muchos leales seguían sintiendo incertidumbre sobre el futuro de Estados Unidos como nación libre. Otros, sin embargo, naturalmente se arrepintieron de sus decisiones y desearon haber luchado por la libertad de su nación.

La importancia histórica del valle del Mohawk está asociada a su situación geográfica y estratégica, junto con su función como tapiz de diversas culturas, fuerzas opuestas y lealtades. Esta región desempeñó un papel fundamental en el establecimiento de las potencias coloniales británicas, el auge de la guerra de la Independencia y la independencia de Estados Unidos, lo que le valió el título de «puerta del oeste».

Este título sirve como símbolo del papel de la región en el transporte y el comercio, y señala su papel como puerta a nuevas esperanzas, comienzos y oportunidades. El valle del Mohawk fue testigo de momentos cruciales en la historia de Estados Unidos y constituye un testimonio perdurable de la fuerza de voluntad y la determinación de sus habitantes.

Capítulo 7: La traición del traidor: Historias en torno a la traición de Benedict Arnold

Tanto si está familiarizado con la historia estadounidense como si no, es probable que haya oído alguna vez el nombre de Benedict Arnold. De hecho, el nombre se ha convertido en sinónimo de la palabra «traidor». Arnold fue un héroe estadounidense que dio la espalda a su país y se convirtió en uno de los mayores traidores de la historia. Este capítulo narra el ascenso y la caída de Benedict Arnold.

Los libros de historia recuerdan al general Benedict Arnold como un traidor
https://commons.wikimedia.org/wiki/File:Benedict_Arnold_1color.jpg

Primeros años de Benedict Arnold

Arnold nació el 14 de enero de 1741 en Norwich, Connecticut. Era hijo de Hannah Arnold y Benedict Arnold III, un próspero hombre de negocios. Su madre era una viuda acomodada que había recibido una importante cantidad de dinero de su anterior cónyuge. Arnold y sus hermanos asistieron a escuelas privadas gracias al apoyo de sus acaudalados padres. Tenía tres hermanas y dos hermanos. Desgraciadamente, la fiebre amarilla se cobró la vida de dos de sus hermanas y de todos sus hermanos cuando eran bastante pequeños. Su padre se deprimió y empezó a beber, y la familia lo perdió todo. Arnold tuvo que abandonar la escuela privada, al igual que su hermana Hannah.

La vida de Arnold dio un giro inesperado. Sus padres eran descuidados, y él no tenía ninguna estructura después de la escuela. Por eso se metía en líos todo el tiempo. Su madre lo puso a trabajar en la botica de su primo porque estaba disgustada por el comportamiento revoltoso de su hijo. Arnold se alistó en la milicia a los dieciséis años y participó en la guerra franco-india. Arnold entró en el servicio, pero siguió trabajando con sus primos.

En 1759, su madre falleció de fiebre amarilla, y él se convirtió en el cuidador de su padre y su hermana. Su padre quedó destrozado por la muerte de su esposa, y su alcoholismo empeoró hasta que murió en 1761. Arnold dejó entonces su trabajo con sus primos y decidió abrir su propia botica con su hermana, Hannah. Sin embargo, sus negocios se convirtieron en contrabando, lo que iba en contra de las leyes británicas. Se sintió frustrado por los impuestos y las restricciones de la Corona. En 1766 se unió a los Hijos de la Libertad, un grupo secreto que se oponía a las leyes fiscales británicas.

En 1767, Arnold se casó con Margaret Mansfield, con la que tuvo tres hijos. La pareja se estableció en New Haven.

Los inicios de la carrera militar de Benedict Arnold

Antes de traicionar a su país, Arnold fue un héroe de guerra y dirigió muchas batallas contra los británicos.

Asedio de Fort Ticonderoga

Arnold alcanzó el rango de capitán en la Segunda Compañía de Guardias del Gobernador antes de la guerra de la Independencia. Al enterarse de las batallas de Lexington y Concord, estaba ansioso por dirigir a sus soldados en una misión para tomar Fort Ticonderoga. Pidió autorización al Comité de Seguridad, que se la concedió. Sin embargo, Ethan Allen, un soldado estadounidense, y su grupo, conocido como los «Green Mountain Boys», se unieron a la milicia de Arnold, ya que compartían el mismo objetivo. Como Arnold no podía confiar en esta banda y eran impredecibles, no se alegró de verlos. Se dirigió a Fort. Ticonderoga con ambos líderes y sus soldados después de intentar persuadir a Allen de su punto de vista, pero sin conseguirlo.

Sorprendieron a los británicos y consiguieron capturar el fuerte sin derramar una gota de sangre. Esta fue la primera victoria del Ejército Continental, que les dio esperanzas y les subió la moral. Irónicamente, Arnold ganó esta batalla con la ayuda de un espía británico.

Los Green Mountain Boys celebraron su victoria emborrachándose. Tampoco respetaron a Arnold ni siguieron sus órdenes. Estaba muy enfadado con su comportamiento, y a menudo se enfrentaba a Allen. Ambos hombres no podían ser más diferentes, y rara vez se veían cara a cara. Sin embargo, solo estaban de acuerdo en una cosa: invadir Canadá.

En 1775, Arnold perdió a su esposa, Margaret, mientras aún estaba en Fort Ticonderoga.

Batalla de Quebec

Arnold y sus hombres se dirigieron a Quebec. Como no tenía recursos para atacar la ciudad, primero les pidió que se rindieran pacíficamente, pero su petición fue denegada. No tuvo más remedio que esperar ayuda. El general Richard Montgomery trajo tropas y suministros y se unió a Arnold. Una vez más, exigieron la rendición de la ciudad. Sin embargo, el gobernador de Quebec, Guy Carleton, sabía que los estadounidenses nunca podrían destruir su fuerte y capturar su ciudad. Estaba en lo cierto.

Arnold y Montgomery atacaron la ciudad con sus hombres. Sin embargo, los británicos estaban preparados para ellos y les dispararon desde las murallas de la ciudad. Lamentablemente, Montgomery fue asesinado en el acto, y sus hombres no tuvieron más remedio que retirarse. Arnold y sus hombres también fueron atacados. Muchos murieron, y él sufrió una grave herida en la pierna. Por desgracia, la batalla de Quebec fue un desastre y un fracaso militar. Cientos de soldados fueron capturados, heridos o muertos a manos de los británicos.

La batalla de Ridgefield

Una vez curada su pierna, Arnold estaba listo para volver a la batalla. En 1777, él y sus hombres se enfrentaron a los británicos en Connecticut. William Tryon, el gobernador británico de Nueva York, recibió información sobre un depósito de armas del Ejército Continental. Tryon y sus hombres lograron capturar las armas y causar graves daños al ejército estadounidense. Aunque los británicos ganaron esta batalla, sufrieron más bajas que los estadounidenses. Arnold era un soldado valiente y fuerte. Consiguió escapar de los británicos después de que dispararan a dos de sus caballos, y regresó a casa sano y salvo.

Arnold consiguió muchos éxitos militares a lo largo de los años. Capturó Fort Ticonderoga, demostró una inmensa valentía durante la batalla de Quebec y fue considerado un héroe patriota. Sin embargo, no sentía que recibiera ningún reconocimiento por su duro trabajo. En 1777, cinco oficiales fueron ascendidos por encima de él. Arnold se sintió insultado y abandonó el ejército. Sin embargo, convenció al general George Washington para que reconsiderara su decisión.

Batalla de Bemis Heights

Arnold escuchó el consejo de Washington y se reincorporó al Ejército Continental. Durante el otoño de 1777, Arnold defendió Nueva York de una invasión británica. Sirvió a las órdenes del general Horatio Gates. Sin embargo, ambos hombres no se soportaban. Esto llevó a Gates a relevar a Arnold de su mando.

En la batalla de Bemis Heights, Arnold desafió a Gates, tomó a un grupo de soldados y atacó al ejército británico. Esto causó confusión entre las líneas enemigas, lo que fue un factor clave en la victoria estadounidense. De no haber sido por Arnold, los estadounidenses no habrían ganado la batalla. Merecía reconocimiento y un ascenso por su papel. Sin embargo, Gates se llevó todo el mérito y no mencionó el heroísmo de Arnold en sus informes.

Batalla de Saratoga

El mayor logro militar de Arnold tuvo lugar en la batalla de Saratoga. Mostró un liderazgo y una valentía ejemplares. Bajo su mando, sus hombres lograron una gran victoria contra el ejército británico. Miles de soldados enemigos acabaron rindiéndose a Arnold, una gran humillación para la Corona. Esta batalla cambió el curso de la guerra, dando lugar a una alianza entre Estados Unidos y Francia.

Arnold volvió a lesionarse la pierna. Su herida era tan grave que no podría volver al campo de batalla durante un tiempo. El general Washington lo nombró gobernador militar de Filadelfia hasta que se recuperara. Sin embargo, los sentimientos de Arnold hacia su país empezaron a cambiar.

La caída de un héroe

¿Cómo pudo un héroe que amaba a su país y estaba dispuesto a morir por él cambiar de repente su lealtad? Arnold siempre fue rechazado para ascensos y reconocimientos, y nunca se sintió apreciado por el país al que entregó su corazón y su alma. Se enfadó y vendió todo lo que apreciaba.

Disputas con oficiales

Gates no fue la única persona que restó importancia a los logros de Arnold en la guerra. Eason también menospreció su papel en la batalla de Fort Ticonderoga, y ambos se peleaban y discrepaban constantemente.

Aunque acercó a su país a la independencia, a menudo se sintió ignorado, lo que provocó muchas peleas con sus oficiales superiores. Tenía más enemigos que amigos por señalar constantemente que nunca obtenía ningún reconocimiento. Luchó con James Easton, el soldado militante Josh Brown y el general Moses Hazen.

Ni siquiera sus compañeros oficiales apreciaban su comportamiento. Lo encontraban codicioso, emocional y vanidoso. Un oficial llegó a decir que Arnold adoraba el dinero y que haría cualquier cosa por ser rico, incluso vender a su propio país. Claramente, algunas personas predijeron que Arnold se pasaría al lado oscuro.

Su segunda lesión

Arnold se sintió muy frustrado al ser herido de nuevo en la misma pierna. Pasó cuatro meses recuperándose en un hospital. Durante este tiempo, pensó en el trato injusto que recibió de sus superiores y en cuántas veces ascendieron a otros por encima de él. Se sacrificó tanto por su país que pagó de su bolsillo para apoyar a las tropas estadounidenses. Renunció a su negocio de boticario para poder luchar por la independencia de Estados Unidos, y este fue el agradecimiento que recibió.

Cuando regresó al ejército, el Congreso lo restituyó su rango sin su antigüedad. Arnold estaba lívido por enfrentarse a la injusticia una vez más. Sin embargo, más tarde Washington le restituyó su antigüedad... un gesto que no fue bien recibido. Le escribió una carta a Arnold para comunicarle las buenas noticias; sin embargo, Arnold no respondió de inmediato. Estaba decepcionado de que el Congreso hubiera reconocido a Gates como el héroe de Saratoga y le hubiera dado una medalla cuando había sido Arnold quien los había llevado a la victoria. Cuando envió una carta a Washington, utilizó las palabras «su país», refiriéndose a Estados Unidos. Esto fue dos años y medio antes de su traición. Sin embargo, estaba claro que se estaba distanciando de su país y de la guerra, pues ya no sentía ningún tipo de conexión o patriotismo.

Consejo de guerra

Durante su estancia en Filadelfia, Arnold se casó con Peggy Shippen, con la que tuvo cinco hijos. Sin embargo, no fue un matrimonio basado totalmente en el amor y el romance. Peggy era 20 años más joven que él, y su padre era simpatizante lealista y gozaba de un alto estatus en la ciudad. Casarse con Peggy aportó a Arnold el estatus social que siempre había deseado. Sin embargo, el padre de ella no era un hombre rico, así que Arnold tuvo que buscar otra forma de vivir la vida de sus sueños.

Se endeudó enormemente para que él y su esposa pudieran llevar un estilo de vida lujoso. Sus gastos hicieron que muchos se preguntaran de dónde sacaba el dinero. Esto provocó la interferencia del Congreso Continental. Le acusaron de 13 faltas. Se convocó un consejo de guerra, y Arnold escuchó las acusaciones contra él que incluía comercio ilegal y mal uso de los carros del gobierno.

Arnold se sintió herido al escuchar las injustas acusaciones. Tras años de servir a su país con honor y un expediente limpio, se encontró en un tribunal militar, teniendo que defenderse de delitos que no había cometido. Las cosas empeoraron para él cuando pidió apoyo al Congreso durante su juicio, y este se lo negó.

El oficial militar y abogado Joseph Reed pedía retrasos durante todo el juicio, principalmente para reunir pruebas, pero también quería torturar a Arnold. Washington no intentó detener los retrasos. Reed lo amenazó con que, si interfería, no conseguiría el apoyo de la milicia de Pensilvania. Washington secretamente quería ayudar a Arnold, pero necesitaba más el apoyo de las tropas.

El juicio fue interrumpido por un ataque británico. Arnold fue juzgado y absuelto de la mayoría de los cargos unos meses después. Sin embargo, el tribunal ordenó al general Washington que lo reprendiera públicamente.

Esta injusticia aumentó su ira hacia su país. Pasó meses escuchando a Reed hacer afirmaciones falsas y arruinar su buen nombre, y luego fue traicionado por el Congreso y Washington. Veía a todos como enemigos, incluso a Washington. Desde el momento en que fue reprendido, Arnold estaba amargado y creía que su patriotismo había arruinado su vida.

Washington quería hacer las paces con Arnold, así que le ofreció el mando de un ala del Ejército Continental, pero él se negó y exigió West Point en su lugar. Washington aceptó. Poco sabía él de lo que Arnold tenía en mente.

Peggy

Peggy tenía algunos contactos británicos, que utilizó para empujar a su marido a cambiar de bando. Era buena amiga del mayor británico John André, y le presentó a Arnold. Peggy se acostumbró a un cierto estilo de vida que su marido no era capaz de llevar. La única manera de que ella pudiera vivir la vida que deseaba era que su marido se uniera a los británicos.

Ambos hombres comenzaron a enviarse cartas. Arnold ya no era un soldado leal, sino un traidor a sí mismo y a su país.

Traición

Arnold eligió el mando de West Point por una razón. Este lugar tenía un valor estratégico para controlar las líneas de transporte y comunicación entre Nueva Inglaterra y todos los demás estados. Estaba en posesión de información muy sensible. En su correspondencia con André, le revelaba ubicaciones de depósitos de suministros, emplazamientos de tropas, posiciones defensivas, movimientos planeados y efectivos de las tropas.

A menudo utilizaban a Peggy como intermediaria, ya que nadie sospecharía de ella. Las cartas también estaban codificadas y escritas con tinta invisible.

Por supuesto, esta información no era gratis. Arnold aceptó 10.000 libras de los británicos para cambiar de bando.

West Point

En 1779, Arnold se puso en contacto con el general Henry Clinton y le explicó su deseo de jurar lealtad a los británicos. Enviaba a Clinton información sensible a través de André. Sin embargo, Clinton tenía sus ojos puestos en West Point por su importante posición estratégica. Arnold proporcionaba a los británicos la oportunidad perfecta para capturar el fuerte sin entrar en batalla. Clinton ofreció a Arnold 20.000 libras por entregar 3.000 soldados en West Point. Como Arnold estaba endeudado y cegado por su codicia, aceptó la oferta.

Incluso ofreció a los británicos entregarles gratis al general Washington. Sin embargo, su plan no funcionó, ya que Washington ya había escapado cuando Clinton recibió su carta.

Arnold utilizó su posición crítica para debilitar la línea defensiva de West Point. Agotó sus suministros y se negó a ordenar reparaciones. Sin embargo, le dijo a Washington que podría resistir cualquier ataque.

Arnold estaba impulsado por la venganza y estaba dispuesto a hacer lo que fuera necesario para castigar a las personas que una vez llamó sus camaradas. Creía que personas como Gates y Allen debían pagar por atribuirse el mérito de su trabajo y arruinar su reputación.

La captura de John André

En 1780, André y Arnold se reunieron para discutir la estrategia de rendición de West Point. Sin embargo, su plan fracasó, ya que André fue capturado pocos días después. Los estadounidenses encontraron las cartas de Arnold con André, exponiendo así su traición. Cuando Arnold se enteró de la captura de André, cogió a su mujer e hijos y huyó a Gran Bretaña mientras André era ejecutado.

Arnold luchó con su pueblo junto a los británicos. Uno pensaría que se escondería después de que se descubriera su traición; sin embargo, continuó con sus actos despreciables. Atacó su estado natal, Connecticut, e intentó capturar a Thomas Jefferson.

Durante siglos, los historiadores trataron de averiguar los motivos de Arnold. Al principio, podría decirse que su codicia, su ira y el trato injusto que recibía le impulsaron a la venganza. Sin embargo, no había excusa para luchar contra los hombres que, apenas un año antes, eran sus soldados y estaban bajo su mando.

Aunque Arnold vendió su país a los británicos, estos nunca confiaron realmente en él. De hecho, muchos lo encontraron deshonroso e inmoral. Un hombre que vendió su país por dinero traicionaría a cualquiera. Lo trataron como una herramienta para cumplir sus objetivos. Incluso le dieron 6.000 libras en lugar de las 20.000 que le habían prometido. También le prohibieron ocupar cualquier cargo en el ejército.

Después de la guerra de la Independencia, Arnold vivió en Londres. Sin embargo, el pueblo inglés era muy frío con él, ya que lo culpaban de la muerte de André, a quien consideraban un héroe. Cuando él y su esposa acudían a una reunión pública, la gente les silbaba. La prensa inglesa les criticaba regularmente a él y a su esposa.

Después se marchó a Canadá, donde trabajó como comerciante, pero allí tampoco fue bien recibido, así que regresó a Londres. Fue acusado de espionaje y pasó unos años en prisión durante la Revolución francesa.

Murió a los 60 años y se le negaron los honores militares en su entierro.

George Washington

Es comprensible que Washington se sintiera herido, enfadado y decepcionado cuando descubrió la traición de Arnold. Puede que Arnold no lo viera así, pero Washington trató de protegerlo lo mejor que pudo.

Washington ordenó al comandante Henry Lee que capturara a Arnold. Lee envió al sargento John Champe, que fingió unirse a las fuerzas británicas, para encontrar y secuestrar a Arnold. Sin embargo, Arnold fue trasladado en el último momento, arruinando el plan.

Si Arnold pudiera retroceder en el tiempo, ¿cree que habría tomado las mismas decisiones? Como Arnold era un traidor, la mayoría de la gente considera que su carácter era malvado. Sin embargo, las acciones de las personas no deben juzgarse en blanco o negro. Uno podría verlo como víctima de circunstancias que escapaban a su control, mientras que otros podrían decir que Arnold no debería haber pedido nada a cambio de servir a su país.

Mucha gente sigue preguntándose si Arnold fue una víctima o un traidor. Sin embargo, nunca hay excusa para traicionar a la patria y matar a la gente que una vez luchó a su lado.

Son todos estos niveles y complejidades los que hacen de la historia de Benedict Arnold uno de los relatos más interesantes de la historia de Estados Unidos.

Capítulo 8: La batalla de Cowpens: El genio táctico de Daniel Morgan

Durante dos largos años, después de que el conflicto surgiera en las ciudades de Concord y Lexington el 19 de abril de 1795, desencadenando la Revolución estadounidense, las batallas se limitaron principalmente a los campos del norte. Durante el segundo año, los británicos sufrieron una derrota en las batallas de Saratoga, en septiembre y octubre de 1977, y los franceses entraron en escena en el bando estadounidense. En un intento de revertir su suerte, los británicos lanzaron su campaña en los campos del sur, marcando la fundación de lo que se conoció como el teatro del sur de la guerra revolucionaria. Aunque participó en muchas batallas a lo largo de los últimos años de la guerra, el sur se convirtió en un teatro fundamental, dando lugar a las batallas de Yorktown, Camden, Guilford Courthouse y Cowpens. Además de esbozar la importancia estratégica del teatro del sur en la guerra de la Independencia y la cambiante dinámica del conflicto, este capítulo también presentará a las figuras clave implicadas en el teatro del sur, como el comandante británico Banastre Tarleton y el comandante estadounidense Daniel Morgan. La siguiente sección proporcionará información sobre la vida de Daniel Morgan y sus contribuciones a la causa estadounidense. En las siguientes secciones se analizarán los movimientos y decisiones estratégicas que condujeron al enfrentamiento de Cowpens y las batallas clave en las que participó Daniel Morgan.

Daniel Morgan contribuyó mucho a la causa estadounidense

El teatro del sur

Aunque los ánimos en el sur se caldearon ya el 20 de abril de 1775 (inmediatamente después de la batalla de Lexington y Concord en el norte) cuando los británicos recuperaron el almacén de pólvora de Williamsburg, esta fue solo una de las pequeñas escaramuzas que marcaron la lucha en el sur. El 17 de noviembre de 1775, los británicos se enfrentaron a los patriotas en la batalla de Kemp's Landing, en Virginia, que fue el intento de los británicos de conquistar un puerto de aguas profundas que necesitaban para iniciar su campaña de batallas en el sur.

Más allá de la ventaja táctica, los británicos estaban motivados por otra posible ganancia. A diferencia de las colonias de Nueva Inglaterra, que producían las mismas ganancias que las islas británicas, las plantaciones del sur rendían mucho más. Aquí crecían el tabaco, el índigo, el arroz y otros cultivos, lo que prometía una ganancia económica mucho mayor, ya que estos no crecían en Gran Bretaña. Al mismo tiempo, las prácticas esclavistas mantenían bajos los precios de estos productos, por lo que los británicos consideraban que era una situación en la que todos salían ganando.

En junio de 1776, los británicos realizaron su primer gran ataque, dirigido por el comodoro sir Peter Parker y el mayor general británico sir Henry Clinton. Su intento de apoderarse de Charleston fue infructuoso, ya que no lograron conquistar Fort Sullivan (la principal línea defensiva de la ciudad) y fueron derrotados por el comandante Moultrie.

A pesar de esta y otras derrotas, el apoyo de los lealistas británicos creció lentamente en el sur, proporcionando un amplio suministro de civiles lealistas y esclavizados de las plantaciones patriotas que ocuparían el lugar de los soldados redistribuidos necesarios en las guerras extranjeras. Después de encontrar tantos aliados para apoyar su causa, los británicos idearon la estrategia del sur, que transformó la Revolución estadounidense en una causa mucho más personal. En el teatro del sur, no era raro encontrar hermanos luchando contra hermanos, cada uno haciendo campaña por su propia causa.

Tras conquistar Savannah en diciembre de 1778, los británicos consiguieron por fin un punto de apoyo estratégico en el sur. Un año y medio después, la campaña liderada por Henry Clinton conquistó otro puerto clave, esta vez Charleston. A mediados de 1779, Clinton declaró que a los esclavos que escaparan de sus amos se les concedería libertad y refugio. Aunque no se les exigiría luchar en el bando lealista británico, se les daba la bienvenida para que permanecieran como enfermeros, cocineros y cualquier puesto que pudieran encontrar. Este fue uno de los movimientos cruciales en el teatro del sur, ya que reforzó las filas de los lealistas al tiempo que asestaba un duro golpe a la economía de los patriotas.

Para fomentar aún más los conflictos en el sur, los líderes lealistas británicos recurrieron a menudo a estrategias como el alarmismo y el saqueo de las plantaciones patriotas. Uno de estos líderes fue el coronel Banastre Tarleton, quien, tras reclutar partidas mestizas para atacar y hacer temer una revolución social, llegó incluso a matar a los patriotas que querían rendirse tras la batalla de Waxhaws en 1780.

Desgraciadamente, las continuas amenazas y técnicas de intimidación que utilizaron contra la población esclavizada les salió el tiro por la culata a los británicos. En lugar de ganar más aliados, alienaron a la mayoría de la población, que no simpatizaba demasiado con su causa. El hecho de que agravaran una guerra civil dentro de otra guerra civil tampoco ayudó. Los lealistas, que perdían apoyo con la misma rapidez con la que lo habían ganado, se enfrentaron a retos aparentemente insuperables en la batalla mientras continuaban su campaña en el teatro del sur.

Al mismo tiempo, tras la caída de Charleston, la defensa de los patriotas se basó por completo en tropas fronterizas y rebeldes. Estas estaban dirigidas por antiguos propietarios de plantaciones, cuyas propiedades fueron destruidas por los hombres de Tarleton y los comandantes supervivientes. Tomando una página de la guía táctica, sus fronterizos se dedicaron a conquistar a los nativos americanos, y los rebeldes realizaron incursiones nocturnas sorpresa contra trenes y puestos avanzados, diezmando los suministros británicos.

Mientras tanto, las tropas británicas lealistas emprendieron ataques aún más devastadores, negándose a perdonar personas, ganado u hogares. En represalia por sus masacres, los patriotas empezaron a matar a los lealistas, a menudo ondeando banderas mientras lo hacían. Esto llevó a numerosos enfrentamientos entre los dos bandos, incluido el de King's Mountain el 7 de octubre de 1780, donde el grupo militar lealista fue derrotado por una tropa patriota que le doblaba en número.

Queriendo reforzar su causa, en diciembre de 1780, los estadounidenses colocaron a uno de sus activos más preciados —el comandante Nathanael Greene— al frente del Ejército Continental de los teatros del sur. Por la misma época, Cornwallis, al frente de una partida al mando del comandante Tarleton, lanzó un asedio aún mayor contra las actividades patriotas tanto en Carolina del Norte como en Carolina del Sur. Para contrarrestar este movimiento, Nathanael Greene envió una tropa liderada por un hombre que sabía que podía estar a la altura de las circunstancias y detener al grupo de Tarleton: Daniel Morgan.

Daniel Morgan, el activo más valioso de los estadounidenses

Aunque se sabe poco sobre la infancia de Daniel Morgan, es probable que naciera en 1735. Hijo de inmigrantes galeses en Nueva Jersey,

Morgan mostró una vena rebelde desde temprana edad, y finalmente abandonó su hogar en 1752. En un principio se dirigió hacia el oeste, pero su viaje lo llevó a Winchester, Virginia, donde se estableció y empezó a trabajar como carretero. Su profesión lo convirtió en un excelente recluta para el ejército británico tras la guerra franco-india. Al frente de las cuadrillas que transportaban mercancías a la parte oriental de la colonia, Morgan contribuyó notablemente al abastecimiento del ejército británico. Sin embargo, cometió el error de acompañar al general Edward Braddock durante su intento de derrocar a los indios y franceses en Fort Duquesne. Tras ser golpeado por un soldado con una espada, Morgan se vengó derribando al hombre. Fue castigado con 500 latigazos. Morgan sobrevivió a un castigo que, de otro modo, sería fatal, soportando las profundas cicatrices hasta su muerte y bromeando con que el oficial que lo castigó se equivocó al contar y solo le dieron 499 latigazos en lugar de los 500. Más tarde, sufrió otra herida casi mortal al recibir un disparo en la nuca de unos indios que tendieron una emboscada a la compañía de *rangers* con la que se alió en el valle de Shenandoah.

Tras otra milagrosa recuperación, en 1774, Morgan se dedicó a la agricultura, trabajando junto al capitán de la milicia del condado de Frederick. Poco después del comienzo de la Revolución estadounidense, decidió apoyar a los patriotas liderando un grupo de fusileros en el asedio de Boston en 1775. Animado por su desdén hacia los leales británicos, Morgan entrenó a su grupo para convertirlos en avezados combatientes y tácticos. Pronto se los conoció como «los fusileros de Morgan» y fueron elogiados por su increíble precisión. Vestían camisas de caza, se distinguían de otros grupos e infundían temor a los británicos allí donde aparecían. Debido al inminente factor miedo, la prenda se convirtió en el uniforme del Ejército Continental.

En 1775, fue nombrado jefe de una compañía de fusileros de Virginia destinada a apoyar la campaña para la invasión de Canadá. Aunque en un principio se le asignó la vigilancia de la compañía, Morgan se vio obligado a hacerse cargo de la campaña cuando sus dos superiores, el coronel Benedict Arnold y el general Richard Montgomery, cayeron en la batalla de Quebec. A pesar de sus esfuerzos, la compañía de Morgan era demasiado pequeña para resistir el contraataque y, una vez más, se encontró a merced de las fuerzas británicas. Meses más tarde, fue liberado y ascendido a coronel de un regimiento de Virginia. Aquí, añadió aún más a la creciente lista de habilidades que desarrolló tras servir en el ejército británico y como líder de los fusileros de Virginia.

Se podría decir que Daniel Morgan era un hombre adelantado a su tiempo. Empleó tácticas que iban mucho más allá de lo que se consideraba una guerra estándar en aquella época. Poco después de ser nombrado coronel, se puso al frente de un cuerpo de infantería, instruyendo a los hombres para que molestaran a las muy disciplinadas tropas británicas. Disfrazándose de indios, el grupo de Morgan realizó varios ataques relámpago contra los británicos en Nueva Jersey y Nueva York en 1797. Ese mismo año, bajo las órdenes de George Washington, Morgan se unió al ejército del general Horatio Gates, que lo llevó a la batalla de Saratoga. Morgan demostró ser una baza decisiva en la batalla, ya que uno de sus fusileros altamente entrenados derribó al general británico Simon Frase, lo que ayudó a los estadounidenses a imponerse. Aunque esto llevó a la rendición del general británico John Burgoyne en Saratoga, el general Gates llegó a admitir que el grupo del coronel Morgan era la parte más temible del cuerpo, elogiando mucho a los hombres, pero Morgan no recibió un ascenso. Tras ser nombrado coronel de otro regimiento de Virginia, consiguió aún más victorias, pero sus jefes se negaron a ascenderlo. Tras desilusionarse por completo cuando no se le concedió el rango de general de brigada y el mando de un nuevo cuerpo de fusileros que deseaba en 1779, Morgan dimitió del ejército.

Sin embargo, tras sufrir varias derrotas devastadoras bajo las órdenes de Gates, incluida la de la batalla de Camden, en Carolina del Sur, a manos del general lord Charles Cornwallis, los estadounidenses estaban desesperados por contar con la experiencia de Morgan. Al principio, Morgan se negó a alistarse, pero pronto cedió y se unió a Gates en el teatro del sur. Tras llegar a Carolina del Norte en 1780, Morgan se hizo cargo de un cuerpo independiente que apoyaba a la milicia estatal. Sin embargo, tras reconsiderar los resultados de la batalla de Camden, Georgia, Washington decidió nombrar a un nuevo general en el sur: Nathanael Greene. Posteriormente, el Congreso también ascendió a Morgan a general de brigada bajo el mando de Greene. Decidiendo una nueva táctica contra el ejército británico, Greene dividió sus tropas, desplegando a Morgan en Carolina del Sur. La ventaja que obtuvieron fue doble. Les resultó más fácil alimentar a grupos más pequeños, mientras que los británicos se vieron obligados a enfrentarse a las tropas estadounidenses en dos frentes separados. A su llegada en enero de 1791, Morgan se enteró de que el grupo del coronel Banastre Tarleton, dirigido por Charles Cornwallis, se preparaba para atacar a su ejército. El primer ataque tuvo lugar días después en Cowpens.

La batalla de Cowpens

La táctica de Greene de emplear grupos más pequeños a la vez pronto dio resultado. Cuando Cornwallis se enteró de que Daniel Morgan había llegado a la retaguardia británica con solo 700 miembros de la milicia y 300 fusileros, envió inmediatamente un grupo de 1.100 lealistas y casacas rojas para contrarrestar los movimientos de Morgan. El grupo estaba liderado por Banastre Tarleton, quien, animado por la victoria de Camden y otros triunfos, encontró un reto muy bienvenido para perseguir agresivamente a las tropas de Morgan a través de Carolina del Sur. Aunque consideraba que los grupos de Morgan eran demasiado pequeños para hacer mucho daño al ejército británico, Cornwallis también conocía la fama de Morgan como astuto estratega y genio táctico. Temía que Morgan intentara provocar un levantamiento patriota en el sur para reforzar los efectivos de su grupo, pero, confiando en la capacidad de sus hombres para salir victoriosos de nuevo, Cornwallis procedió al ataque.

Morgan, por su parte, hizo retroceder a sus hombres hasta el río de Cowpens, aparentemente decidido a encontrarse allí con Tarleton a pesar de encontrarse en una posición vulnerable. Después de todo, una vez que los británicos cruzaron el río Pacolet, los estadounidenses se encontraron entre ellos y una zona de pastos abierta (y el río Broad) que ofrecía poca cobertura a los famosos fusileros de Morgan. Sin embargo, las tropas británicas estaban formadas en su mayoría por caballería, a la que le resultaba fácil maniobrar por el terreno. De lo que no se dieron cuenta los británicos fue de que su enemigo encontró un puente inclinado que bajaba y volvía a subir, proporcionando puntos bajos y altos al mismo tiempo para los fusileros. Conociendo bien la zona, Morgan también encontró otro puente que podía ocultar a su caballería, la cual podía esperar emboscada. Una vez inspeccionado el terreno e identificados los puntos tácticos que podía utilizar en su beneficio, Morgan se dispuso a idear una estrategia ganadora contra el ejército de Tarleton.

Sin embargo, Cornwallis tenía buenas razones para temerle porque Morgan tenía algunos trucos bajo la manga. Temiendo que sus hombres entraran en pánico al ver las filas de un ejército británico mucho más organizado (que fue lo que provocó la derrota de Camden meses antes),

Morgan se dispuso a levantarles la moral asegurándose de que estarían a salvo entre los dos ríos. También contaba con la versada táctica de los británicos de alinear a las tropas para un estricto asalto lineal, que es exactamente lo que hizo Cornwallis. Mientras tanto, Morgan dejó sus líneas un poco más abiertas, como extendiendo una invitación al ataque.

Además, su plan dividió aún más a su grupo y utilizó a la caballería, la milicia y los combatientes civiles en diferentes puntos tácticos. Cuando Tarleton se preparaba para atacar, Morgan desplegó inmediatamente una línea de escaramuzadores que fueron respaldados por una línea de milicianos. Se trataba de una especie de artimaña, ya que los escaramuzadores debían retroceder tras la milicia en cuanto disparasen dos veces. Dirigida por el coronel Andrew Pickens, la milicia abandonó brevemente el campo de batalla con los escaramuzadores a sus espaldas. Esto confundió a los británicos, que pensaron que ambas líneas se retiraban degenerando en una huida. Sin embargo, detrás de la milicia, los regulares continentales y la caballería del teniente coronel William Washington esperaban a los desprevenidos británicos, que se toparon con el fuego de fusilería desplegado tácticamente y el ataque de la caballería al mismo tiempo. Peor aún, según un plan previamente establecido por Morgan, la línea de milicianos se reformó detrás de la línea de regulares continentales, reforzando la magnitud de su ataque.

Cuarenta kilómetros al oeste de Kings Mountain, las tropas de Tarleton dividieron sus líneas para atacar a los estadounidenses. Inmediatamente después, Pickens reformó la milicia a su izquierda mientras Washington llevaba la caballería a su derecha. Flanqueadas por ambos lados, las tropas británicas no tuvieron ninguna oportunidad. Aunque Tarleton salió ileso, tomó la decisión de retirarse demasiado tarde para salvar a alguno de los 702 capturados o 110 muertos por los estadounidenses. Diezmar tan severamente al ejército británico ayudó a Daniel Morgan a entrar en los libros de historia como héroe de la Revolución estadounidense. Aunque anteriormente participó en muchas batallas y dirigió exitosamente diferentes cuerpos de fusileros en combate, ninguno de sus grupos fue tan triunfal como el que obtuvo la victoria de Cowpens.

Mientras tanto, los estadounidenses sufrieron menos de 100 bajas, consiguiendo la primera y más exitosa victoria patriota de la historia de Estados Unidos. Lo que hizo aún más sobresaliente este triunfo fue el propio campo de batalla, en el que las tropas de Morgan se consideraban en desventaja tanto por su actual situación geográfica como por el ataque sorpresa que los británicos estaban a punto de lanzarles. Solo contaban con la vasta experiencia estratégica de Morgan para ayudarlos, y esto resultó ser suficiente.

Al margen de las tácticas geniales y la victoria, este no fue el único enfrentamiento de los estadounidenses con Cornwallis. Furioso por haber perdido una parte importante de su ejército el 17 de enero (algunos dicen que incluso rompió el sable cuando se enteró del número de bajas), Cornwallis se retiró de la frontera entre Carolina del Norte y Carolina del Sur, pero pronto reformó sus tropas y estuvo listo para atacar de nuevo. Aunque fortalecidas por su sonado éxito, las tropas de Green no tuvieron la misma suerte la siguiente vez que se encontraron con las líneas de Cornwallis. Esto ocurrió en la batalla de Guilford Courthouse, el 15 de marzo de 1781, en Carolina del Norte, donde Greene se vio obligado a retirarse derrotado. Aun así, a pesar de tener que perder contra los británicos, los estadounidenses sufrieron muchas menos bajas. En esta ocasión, Cornwallis perdió un tercio de su ejército, lo que causó un gran revuelo en el Parlamento británico, ya que algunos afirmaban que otra victoria como aquella sería perjudicial para todo el ejército británico.

Combinada con la victoria en la batalla de Cowpens, a pesar de la derrota, la ausencia de bajas supuso una importante inyección de moral para los estadounidenses. Más tarde, ese mismo año, volvieron a salir victoriosos en la última gran batalla de la guerra de la Independencia, en Yorktown, Virginia. Tanto el triunfo de Morgan en Cowpens como las últimas bajas de Cornwallis debilitaron a su ejército, facilitando la fácil victoria del general Washington en Yorktown. Sin embargo, a pesar de sus esfuerzos y de los deseos de Washington, el propio Morgan no pudo participar en la batalla.

Aquejado de ciática crónica (inflamación de los nervios de la espalda) desde su batalla de Quebec una década y media antes, a Morgan le resultaba muy doloroso montar a caballo. Su dolencia se vio agravada por todo el tiempo que pasó a caballo, maniobrando con las tropas estadounidenses. Debido a ello, el gran brigadier se vio obligado a retirarse poco después de la batalla de Cowpens, guiando a los verdes «armados voladores» hacia la victoria.

Sin embargo, incluso después de regresar del campo de batalla, Morgan contribuyó a los triunfos patriotas. Una de sus últimas victorias fue sofocar la rebelión del Whisky de Pensilvania, iniciada por agitadores en 1794. En honor a sus logros como uno de los comandantes más ingeniosos y exitosos de la Revolución estadounidense, el general de Brigada Daniel Morgan recibió varios reconocimientos.

En 1790, Morgan recibió una medalla de oro por su destacado triunfo en Cowpens. En 1797, fue nombrado representante federalista de Virginia en la Cámara de Representantes de los Estados Unidos. Aunque planeaba presentarse a las elecciones dos años más tarde, su débil salud se lo impidió. Después de esto, vivió en su casa de Winchester, Virginia, hasta su muerte en julio de 1802.

Capítulo 9: guerra naval: John Paul Jones y el *Bonhomme Richard*

Este capítulo habla del héroe naval estadounidense John Paul Jones, destacando sus antecedentes, experiencia y contribuciones a la guerra de la Independencia. Detalla cómo Jones fue designado para comandar el *Bonhomme Richard* y sus retos a la hora de construir y dirigir una fuerza naval. A continuación, el capítulo explica lo que condujo a la batalla de Flamborough Head y describe el épico duelo entre el *Bonhomme Richard* y el HMS *Serapis*. Además de destacar los momentos clave y las decisiones tácticas tomadas por John Paul Jones, esboza la capacidad de liderazgo y la determinación de Jones tras el momento más difícil de su carrera naval. Por último, conocerá el impacto de la batalla de Flamborough Head en la táctica y estrategia navales, tanto durante la Revolución estadounidense como posteriormente.

¿Quién era John Paul Jones?

John Paul Jones se unió al comercio de esclavos a los 17 años

Rijksmuseum, CC0, vía Wikimedia Commons:

John Paul Jones nació el 6 de julio de 1747 en Kirkbean, Escocia. Su padre era el famoso jardinero de Arbigland Estates. Solo cuatro de sus numerosos hermanos sobrevivieron hasta la edad adulta. Su anhelo de una vida en el mar fue evidente desde temprana edad, y llegó a convertirse en una figura histórica gracias a su doble legado como pirata y héroe naval. Le gustaba frecuentar el puerto adyacente de Carsethorn a pesar de los esfuerzos de sus padres por proporcionarle una educación adecuada en la escuela Kirkbean. John Paul solía escabullirse al puerto siempre que tenía tiempo libre y disfrutaba oyendo a los marineros contar historias divertidas. A los 12 años tomó la decisión de seguir la llamada del mar, iniciando un aprendizaje en la Marina mercante británica. John Paul fue contratado como grumete por el naviero mercante escocés John Younger. John Paul abandonó rápidamente su aprendizaje tras navegar por toda América y Barbados para reunirse con su hermano, que más tarde se instaló en Virginia y se convirtió en un próspero sastre.

Cuando John Paul logró regresar a Gran Bretaña, descubrió que John Younger había perdido interés en tenerlo como aprendiz. John Paul, con solo 17 años, pronto descubrió un camino diferente y se unió al comercio de esclavos a bordo de un bergantín. Gracias a su diligencia, en menos de dos años fue ascendido a primer oficial y colocado a bordo del diminuto barco *Two Friends* de Kingston, que entonces tenía su base en Jamaica. John Paul viajó de ida y vuelta entre África y las islas británicas en varias ocasiones antes de desencantarse de la trata de esclavos y regresar a Escocia. El capitán y el primer oficial del barco que tomó en su viaje de vuelta a casa fallecieron, y John Paul, que estaba capacitado para capitanear el barco —también llamado *John*—, asumió el mando. En casa, los propietarios del *Two Friends* de Kingston, apreciaron tanto sus esfuerzos por conseguir que el barco regresara sano y salvo que nombraron capitán a John Paul, de 21 años.

John Paul empezó a vestirse y a comportarse como un caballero para estar a la altura de la fama terrestre de un capitán, pero también perdió de vez en cuando su horrible temperamento. Esto último le causó problemas cuando fue acusado de propinar excesivas palizas al carpintero de su barco. El carpintero falleció de fiebre amarilla; sin embargo, la primera denuncia contra Juan Pablo fue archivada. Algunos especularon que esto se debió a su estado comprometido tras la flagelación. Tras un anuncio del capitán del *Barcelona Packet*, John Paul fue puesto en libertad y nunca tuvo que enfrentarse al cargo de asesinato, aunque la acusación volvería a perseguirlo.

Tras tomar el mando del barco *Betsy* en 1772, John Paul inició una lucrativa carrera comercial, realizando numerosos viajes entre Gran Bretaña y las Indias Occidentales. Sin embargo, tras estallar un motín en su barco por una disputa salarial, se vio obligado a matar al líder de la tripulación amotinada. Aunque actuó en defensa propia, John Paul pensó que se enfrentaría a la ira de la familia del hombre en las Indias Occidentales (y su acusación previa solo le daría mala imagen), por lo que huyó a Virginia. También cambió su nombre por el de John Paul Jones para ocultar su identidad como fugitivo británico.

Al enterarse de la recién iniciada Revolución estadounidense, Jones se puso rápidamente del lado de los rebeldes, simpatizando con su causa. Cuando el Congreso estableció la Armada Continental, se sintió en el deber de ir a Filadelfia y ofrecer su experiencia y habilidades. En diciembre de 1775, fue nombrado teniente primero de uno de los pocos buques insignia de la Armada: el *Alfred*. No tardó en convertirse en capitán, aunque de otro barco... el *Providence*. Viajando en este navío, llegó a las Indias Occidentales, donde empezó a acumular victorias navales al derrotar al navío británico *Glasgow*. En 1776, se lanzó al océano Atlántico, hundiendo 8 barcos, apoderándose de otros 8 y remolcando a puerto varios más en menos de un año.

Nombrado capitán de un tercer barco, el *ranger*, en 1797, Jones continuó con sus incursiones en aguas territoriales británicas. Sin embargo, sus logros no se medían solo por los daños que causaba a los navíos británicos. Tras llegar a Brest en mayo de 1778, se confió a Jones el mando de otros cinco barcos estadounidenses y franceses. Aunque en ese momento ya se lo consideraba un héroe, a continuación dirigió exitosamente un crucero por el mar de Irlanda, en el que derrotó a varios buques menores, y pensar que su mayor logro estaba aún por llegar.

Tras recibir el mando del navío *Duc de Duras*, lo rebautizó *Bonhomme Richard* (por el alias de Benjamin Franklin, Poor Richard) y lo convirtió en un auténtico buque de guerra. A bordo de este navío zarpó para asaltar el comercio en torno a las costas británicas... un viaje que lo puso en el camino del HMS *Serapis* y de una de las batallas más significativas de la historia naval.

La batalla de Flamborough Head

Cuando los estadounidenses consiguieron la alianza francesa tras la batalla de Saratoga, los dos países firmaron también el Tratado Franco-Americano, que aseguraba que Francia proporcionaría asistencia militar continuada a las colonias norteamericanas. Además de financiar al Ejército Continental, esto significaba que, a partir de 1779, la Armada francesa se uniría a la guerra contra la Marina Real británica. Para entonces, John Paul Jones ya se había hecho un nombre por sus contribuciones a la causa patriota naval, incluyendo la derrota del HMS *Drake* en una batalla en el canal del Norte, dividiendo Escocia e Irlanda.

Ahora en posesión del *Bonhomme Richard* (un regalo de la Armada francesa), Jones zarpó de Francia para asaltar de nuevo las costas inglesas el 14 de agosto de 1779. Le acompañaban varios barcos más pequeños, como el *Alliance*, el *Pallas* y el *Vengeance*. Continuó sus incursiones durante un mes, capturando a varios mercantes escoceses y sus barcos. En la tarde del 23 de septiembre de 1779, mientras se dirigían hacia el norte, Jones y su tripulación observaron un buque de guerra no identificado en su campo de visión. Pronto, el barco izó su bandera de San Jorge, por lo que Jones ordenó al *Bonhomme Richard* que desplegara su bandera estadounidense a rayas. Detrás del buque no identificado se hicieron visibles varios buques mercantes. Cuando uno de ellos intentó escapar del *Alliance*, el *Pallas* lo persiguió. Sin embargo, como el *Vengeance* estaba más lejos, el *Bonhomme Richard* tuvo que enfrentarse solo al enorme buque de guerra.

El *Bonhomme Richard* estaba armado con seis cañones de 18 libras, catorce de 12 libras, catorce de 9 libras y cuatro de 6 libras. Además, era un viejo navío construido principalmente para fines mercantes, y resultaba difícil navegar con rapidez. Esto no era un problema contra barcos más pequeños, pero sí cuando se enfrentaba a un buque de guerra mucho mayor. Por el contrario, el buque identificado (que resultó ser el HMS *Serapis*, uno de los buques de guerra más preciados de la Armada británica, al mando del capitán Richard Pearson) era un navío de 44 cañones, y aquel día llevaba en realidad 50 cañones, diez de 6 libras, veinte de 9 libras y veinte de 18 libras. Además, la tripulación de Jones se había visto muy reducida por los recientes desertores y los miembros de la tripulación que se habían quedado atrás o que habían sido enviados a casa en otro barco tras resultar heridos recientemente. Aunque Jones también había pedido a los cautivos que tenía a bordo que lucharan con él, pocos estaban dispuestos a hacerlo, por lo que Jones solo contaba con una tripulación de 380 personas, en su mayoría hombres jóvenes o muchachos. 4 marineros y 15 infantes de marina, dirigidos por el guardiamarina Nathaniel Fanning, de 24 años, estaban a cargo del palo mayor. El palo mayor estaba ocupado por 2 marineros, 6 infantes de marina y un guardiamarina, mientras que en los trinquete había 3 marineros, 10 infantes de marina y un guardiamarina. En la cubierta trasera había otros 20 infantes de marina, dirigidos por un coronel del ejército francés. El *Serapis*, por su parte, contaba con una tripulación de 305 personas, repartidas de forma similar en las distintas partes del buque.

Mientras se preparaba para una batalla, Jones ordenó a Fanning y a los dos jóvenes guardiamarinas (ambos tenían 16 años) que apuntaran a las cofas del otro barco. Debían utilizar pequeños morteros, trabucos, mosquetes y giratorios; en otras palabras, todo lo que pudiera hacer el mayor daño posible. Este movimiento táctico debía impedir que el *Serapis* utilizara el movimiento del buque insignia de la marina británica, disparando al alcázar enemigo e incapacitando a la tripulación. Poco después de las 8 de la tarde, Jones dejó que el *Serapis* se acercara y ordenó cambiar el rumbo del *Bonhomme Richard*, con la esperanza de tomar algo de viento. Esto provocó que el *Serapis* atacara al buque estadounidense, iniciando una batalla épica que duró más de 3 horas. En una maniobra de apertura de costado, el *Serapis* abrió fuego con sus armas de alcázar y cubierta superior, causando daños significativos en la cubierta de estribor del *Bonhomme Richard*. Jones ordenó a la tripulación que descargara sus cañones en las cubiertas inferiores, pero parecían seriamente superados. Confiado en una victoria fácil, el capitán del *Serapis* colocó su barco bajo la popa del navío estadounidense y comenzó a disparar sobre él desde los mosquetes laterales y superiores de su barco, destruyendo por completo el asta de la enseña, los mástiles y las velas.

La ya escasa tripulación de Jones quedó aún más diezmada, y algunos se vieron obligados a abandonar su posición y luchar en otras partes del barco. Los gavieros, sin embargo, permanecieron en sus posiciones y continuaron disparando sobre los gavieros del navío británico. Consciente de su precaria posición, Jones ordenó dar la vuelta al *Bonhomme Richard*, esperando un viento más favorable. Mientras giraban, el otro buque pasó por su proa, y cuando el viento izó las velas que le quedaban al *Bonhomme Richard*, Jones ordenó a su barco avanzar lo más rápidamente posible. Al cruzar la proa del enemigo a la vez, el *Bonhomme Richard* se enredó con el aparejo y la mesana de estribor del buque británico, atrapando al *Serapis*. El capitán del *Serapis* intentó sacar su barco echando el ancla y esperando tirar del buque en esa dirección. Sin embargo, al estar los dos barcos unidos, la fuerza del ancla al golpear el agua hizo que el buque de guerra estadounidense girara y trabara ambos barcos en direcciones opuestas, atándolos entre sí. Jones ordenó rápidamente a sus hombres que aseguraran el *Serapis* con grilletes, que la tripulación enemiga intentó cortar al principio. Sin embargo, al final había tantos grilletes entre los dos barcos que los estadounidenses consiguieron acercar el *Serapis* a su costado. La tripulación del *Serapis* intentó contraatacar atacando el palo de mesana del *Bonhomme Richard*. Con la esperanza de dar tiempo a sus hombres para reagruparse, el capitán británico intentó dejar a la deriva al barco estadounidense. Mientras tanto, las gavias del *Bonhomme Richard*, ahora en una posición mucho más ventajosa, continuaron atacando y destruyendo las gavias enemigas, y los últimos gavieros británicos fueron abatidos por el propio Fanning.

Aunque ambos barcos seguían teniendo sus cañones más pesados, ninguno podía utilizarlos debido a la forma en que estaban amarrados los dos buques. Tras una serie de ataques y contraataques con las armas más pequeñas, la tripulación de Jones consiguió despejar las cubiertas del *Serapis*. Sin embargo, los británicos desde abajo seguían disparando al *Bonhomme Richard*. Un problema aún mayor fue el incendio del *Serapis*, que puso en peligro a ambos buques. Durante un breve espacio de tiempo, ambas partes cesaron el fuego y procedieron a extinguir las llamas que se extendían a ambos navíos. Los hombres de Jones fueron más rápidos y, mientras el enemigo seguía ocupado con su fuego, se apoderaron de las plataformas superiores del *Serapis*.

Los tripulantes del *Bonhomme Richard* también se apoderaron del castillo de proa, el alcázar y la cubierta superior del *Serapis*. Sin embargo, el buque estadounidense empezó a hundirse y, en medio del caos, los tripulantes pensaron que su capitán y sus oficiales habían muerto. Sin saber quién estaba al mando, algunos de los supervivientes quisieron rendirse. Cuando los británicos les preguntaron si se rendían de verdad (sacando los colores, como se conoce en los círculos navales), Jones salió, declarando que prefería hundirse, y así continuó la lucha. Se declaró otro incendio, que se extendió incluso a la cubierta principal de Fanning, pero consiguieron apagarlo. Llegados a este punto, la lucha se redujo a un combate cuerpo a cuerpo, salpicado de granadas de mano, bombas apestosos, mosquetes, otras armas, hachas de abordaje y picas. Aunque era casi imposible controlar su cañón principal, el *Serapis* lo disparó una vez más, causando aún más daño al *Bonhomme Richard*, que ya estaba medio hundido. El capitán del *Serapis* preguntó entonces, una vez más, si Jones se rendiría, a lo que Jones respondió: «¡Aún no he empezado a luchar!».

Fue entonces cuando el *Alliance* regresó e inmediatamente empezó a disparar al *Serapis*. Desgraciadamente, como los dos barcos estaban demasiado cerca, la mayor parte de los daños se produjeron en el *Bonhomme Richard*. Jones indicó al capitán del *Alliance*, Pierre Landais, que cesara el fuego, y así lo hizo (aunque disparó intencionadamente contra el *Bonhomme Richard*, pensando que podría arrebatarle la victoria a Jones hundiendo su barco). Después de esto, Jones ordenó la liberación de los cautivos a bordo del *Bonhomme Richard* y les pidió que lucharan a su lado, diciéndoles que si no salvaban el barco, todos perderían la vida.

Alrededor de la tercera hora, los hombres de Fanning lanzaron una granada contra la cubierta del cañón del *Serapis*, que cayó sobre pólvora suelta entre las cubiertas, provocando una reacción en cadena tras su detonación. Ahora, fue la tripulación británica la que pidió cuartel al barco estadounidense, y el capitán Pearson arrió la bandera de enseña de su propio barco. Después de casi cuatro horas, la batalla había terminado, y la tripulación del *Serapis* se rindió. Todos se acercaron al *Bonhomme Richard* y entregaron sus armas cortas y sus espadas, empezando por el capitán Pearson, que también comentó que los estadounidenses habían luchado con la misma valentía que ellos. Jones le devolvió el cumplido, asegurando a Pearson que la Corona seguramente reconocería su valor y lo elogiaría por ello.

Tras la rendición del *Serapis*, Jones inspeccionó su propio barco y lo encontró en un estado lamentable. Al ver la cantidad de daños que había sufrido por parte del *Serapis* (e incluso del *Alliance*) y el casi metro y medio de agua que había ahora a bordo, Jones determinó que el buque no podía ser reparado y ordenó a su tripulación y a los cautivos del buque enemigo que abordaran el *Serapis* en su lugar. Los estadounidenses sufrieron 170 bajas, frente a los británicos, que perdieron 177 hombres.

El HSS *Serapis* navegó hasta Texel, Holanda, donde Jones liberó a Pearson y a sus hombres. Jones incluso empaquetó las pertenencias del otro capitán y las envió tras él, pero Pearson se negó a aceptarlas del «oficial rebelde» (como los británicos veían a los estadounidenses) que Jones envió. Sin embargo, mandó decir que las aceptaría de un capitán francés (ya que esta era una nación oficialmente reconocida por Gran Bretaña). Entonces, Jones pidió al capitán del Pallas, Denis Cotteneau, comisionado por el rey francés, que le llevara las pertenencias de Pearson. Esta vez, Pearson aceptó los objetos amablemente, pero, como señaló Cotteneau, no le agradeció su entrega porque sabía que el encargo procedía de Jones... un estadounidense.

Al oír la increíble victoria de Jones, los holandeses lo llamaron rápidamente «el terror de los ingleses». Ese mismo año, Jones recibió el mando del HMS *Serapis*, al que rebautizó como *Serapis*, pero no conservó el nombre, regalándolo en su lugar a la Armada francesa como barco de premio.

En reconocimiento a sus logros y al mantenimiento de la libertad de los mares, Luis XVI de Francia concedió a Jones el rango de caballero, la Orden del Mérito Militar y una espada de oro. Este gesto, unido al triunfo de Jones sobre uno de los mayores navíos de la Marina Real británica, consolidó aún más la alianza franco-estadounidense, que a la postre aseguró a los norteamericanos la victoria en su guerra por la independencia. Además, la valentía y el coraje de John Paul Jones tras una enorme desventaja en la batalla de Flamborough Head inspiraron a muchos otros oficiales navales a luchar con igual ahínco, lo que condujo a victorias como la del sitio de Yorktown, en Virginia, dos años más tarde (que casualmente fue otro triunfo naval franco-estadounidense). Debido a su valor y genialidad maniobrera, el capitán Jones ha sido acertadamente bautizado como el «Padre de la Armada estadounidense».

Después de que el Congreso aprobara un voto de gratitud por su contribución a la flota estadounidense, John Paul Jones recibió también una medalla de oro en 1789. Tras regresar a Estados Unidos en 1781, Jones pasó años formando a oficiales navales y actuando como asesor de diferentes establecimientos navales. Sin embargo, cuando los estadounidenses obtuvieron la victoria y la independencia, Jones abandonó estos servicios y sirvió como contraalmirante bajo las órdenes de la emperatriz rusa Catalina II durante dos años. En 1790 se instaló en París, donde permaneció hasta su muerte en 1792. Antes de morir, escribió a sus familiares y también al ministro de Marina francés para asegurarse de que los hombres del *Bonhomme Richard* seguirían recibiendo sus salarios.

Capítulo 10: El Tratado de París: El camino hacia la independencia de Estados Unidos

En la historia, solo unos pocos documentos han marcado el nacimiento de una nación de forma tan definitiva como el Tratado de París. Este venerable acuerdo, firmado en el año 1783, constituye un testimonio imperecedero del espíritu inquebrantable de la Revolución estadounidense y la culminación de un extraordinario viaje hacia la independencia. El Tratado de París fue el instrumento que puso fin a las hostilidades entre Gran Bretaña y las trece rebeldes colonias americanas. Era un documento que contenía en su texto la promesa de una nación nueva y soberana, los Estados Unidos de América. Fue un punto de inflexión en la historia, un testimonio de diplomacia y del espíritu perdurable de la libertad, y un documento que sigue configurando el mundo de formas que sus signatarios difícilmente podrían haber imaginado.

Los firmantes del Tratado de París
https://commons.wikimedia.org/wiki/File:Treaty_of_paris_1856.jpg

Primeras iniciativas diplomáticas

En medio de la guerra de la Independencia estadounidense, las iniciativas diplomáticas desempeñaron un papel crucial a la hora de preparar el terreno para las negociaciones formales de paz. Dos acontecimientos clave —las conversaciones de paz preliminares en París y los esfuerzos de paz fallidos en Staten Island, Nueva York— ofrecen una visión matizada de los primeros intentos de encontrar una solución diplomática al conflicto.

1. Conversaciones preliminares de paz en París

    Durante las primeras fases de la guerra, se realizaron varios intentos informales para explorar la posibilidad de alcanzar la paz. En 1776, Silas Deane, un enviado estadounidense, viajó a Francia para buscar apoyo y negociar potencialmente la paz. La misión de Deane marcó el primer paso oficial hacia la diplomacia en el teatro europeo.

    Sin embargo, las notables conversaciones preliminares de paz tuvieron lugar en París en 1778. La delegación estadounidense, formada por Benjamin Franklin, Silas Deane y Arthur Lee, entabló conversaciones con representantes británicos. La parte británica estaba representada por el gobierno de lord North. Estas conversaciones iniciales tuvieron un carácter exploratorio y no condujeron a resultados concretos, pero sentaron las bases para futuras negociaciones.

La delegación estadounidense se encontraba en desventaja diplomática, ya que aún no habían logrado victorias militares significativas y Gran Bretaña no reconocía formalmente la independencia de Estados Unidos. A pesar de estos retos, estas primeras conversaciones en París marcaron un hito importante, ya que demostraron la voluntad de ambas partes de emprender esfuerzos diplomáticos, aunque en aquel momento no fueran concluyentes.

2. Esfuerzos de paz fallidos en Staten Island, Nueva York, en 1776

En el verano de 1776, durante los primeros años de la Revolución estadounidense, hubo intentos de iniciar conversaciones de paz en Staten Island, Nueva York. Este esfuerzo surgió cuando el almirante lord Richard Howe y el general William Howe, comandantes militares británicos, fueron autorizados a negociar con el Congreso Continental estadounidense.

Ambos Howe estaban facultados para ofrecer indultos a quienes depusieran las armas y fueron considerados como un primer intento de reconciliación. Se reunieron con John Adams, Benjamin Franklin y Edward Rutledge, que actuaban en nombre del Congreso Continental.

Sin embargo, estas conversaciones de paz no lograron finalmente un acuerdo a largo plazo. La razón principal fue la negativa británica a reconocer la independencia estadounidense. En su lugar, pretendían un retorno al dominio británico, que los representantes estadounidenses no podían aceptar.

El punto muerto de Staten Island fue un primer indicio de las diferencias fundamentales entre las posturas estadounidense y británica. Aunque hubo conversaciones, no condujeron a una solución pacífica. El conflicto continuaría durante varios años más hasta que se dieron las condiciones adecuadas para las negociaciones que finalmente desembocaron en el Tratado de París.

Estas primeras iniciativas diplomáticas revelaron las complejidades y los retos de negociar un acuerdo de paz durante un conflicto prolongado. Aunque no condujeron inmediatamente a la paz, sentaron las bases para futuras negociaciones, marcando el inicio de un proceso diplomático que finalmente concluiría con el reconocimiento de la independencia estadounidense en el Tratado de París de 1783.

La delegación estadounidense

La delegación estadounidense que representó los intereses de Estados Unidos en las negociaciones que condujeron al Tratado de París incluía varias figuras notables, cada una de las cuales aportó un conjunto único de habilidades, experiencias y contribuciones al proceso de paz.

1. **Benjamín Franklin**

   Benjamin Franklin, renombrado polímata, científico y estadista, fue uno de los diplomáticos estadounidenses más influyentes durante este periodo. Aportaba una considerable experiencia diplomática, ya que había sido enviado estadounidense en Francia. Su encanto e ingenio lo convirtieron en un negociador eficaz. Su reputación le precedía, ya que era muy conocido y respetado en los círculos intelectuales y políticos europeos. El papel de Franklin a la hora de asegurar el apoyo francés a la causa estadounidense fue decisivo para el éxito de las negociaciones.

2. **John Adams**

   John Adams, abogado, teórico político y uno de los Padres Fundadores, era conocido por su rigor intelectual y su firme compromiso con la independencia de Estados Unidos. Adams era un gran conocedor de la filosofía política y los asuntos legales, y su formación jurídica lo convertía en un astuto negociador. Su dedicación a la causa de la independencia y su compromiso con los principios estadounidenses fueron de un valor incalculable para promover los intereses estadounidenses durante las negociaciones.

3. **John Jay**

   John Jay, diplomático, abogado y estadista, fue otro miembro clave de la delegación estadounidense. Aportó sus conocimientos jurídicos y su experiencia diplomática a las negociaciones. Jay desempeñaría un papel importante en la elaboración del Tratado de París, especialmente en lo relativo a las disputas fronterizas y otros aspectos legales del tratado. Su pragmatismo y atención a los detalles fueron cruciales para el éxito de las negociaciones.

La delegación británica y sus perspectivas

Por parte británica, la delegación encargada de negociar con las antiguas colonias americanas se enfrentó a un complejo conjunto de retos, tanto por su composición como por su perspectiva general.

Miembros de la delegación británica

La delegación británica estaba encabezada por personas como Richard Oswald, antiguo miembro del Parlamento con experiencia en comercio, y David Hartley, diplomático experimentado. Lord Shelburne, el primer ministro británico de la época, desempeñó un papel importante a la hora de autorizar y guiar el proceso de negociación. Estas figuras tenían más experiencia comercial y diplomática que militar, y se les encomendó una difícil misión: negociar con sus antiguos colonos.

Reservas sobre la negociación

Las reservas de la delegación británica a la hora de negociar con los antiguos colonos estaban profundamente arraigadas en el contexto político y social de la época. En Gran Bretaña había opiniones diversas sobre la situación estadounidense. Algunos veían las colonias americanas como una parte importante del Imperio británico y eran reacios a concederles la independencia. Otros creían que la guerra se había vuelto costosa e imposible de ganar.

La opinión pública británica estaba dividida: algunos expresaban su deseo de continuar la guerra y otros eran partidarios de la reconciliación. El panorama político también era complicado, con diferentes opiniones dentro del gobierno británico sobre cómo manejar la situación norteamericana.

Exigencias y expectativas iniciales

Durante las negociaciones que precedieron al Tratado de París, las delegaciones estadounidense y británica tenían demandas y expectativas distintas que reflejaban sus respectivas posiciones y preocupaciones.

Exigencias y expectativas de las delegaciones estadounidenses

1. Reconocimiento de la independencia

La exigencia más importante y no negociable de la delegación estadounidense era el reconocimiento formal de la independencia de Estados Unidos de Gran Bretaña. Este era el objetivo último de la Revolución estadounidense y constituía el núcleo de sus demandas. Los representantes estadounidenses se mantuvieron firmes en su compromiso de lograr la plena soberanía y autonomía de Estados Unidos.

2. Límites territoriales

La delegación estadounidense pretendía establecer unos límites territoriales claros y favorables para la nueva nación. Las negociaciones pretendían definir la extensión del territorio estadounidense, que abarcaría vastas tierras que se extenderían hacia el oeste hasta el río Misisipi. Las negociaciones abordarían hasta dónde se extenderían las fronteras de la nueva nación hacia el oeste.

3. Derechos de pesca

La delegación estadounidense tenía un gran interés en asegurar los derechos de pesca, particularmente en el Atlántico Norte. Esto incluía el derecho a pescar en los grandes bancos de Terranova, que era una zona vital para los pescadores estadounidenses. El acceso a estos caladeros era esencial para la prosperidad económica de las comunidades costeras de Nueva Inglaterra.

Exigencias y expectativas británicas

1. Proteger los intereses lealistas

La delegación británica estaba preocupada por salvaguardar los intereses de los lealistas que habían permanecido leales a la Corona durante la guerra de la Independencia. Querían asegurarse de que estos individuos no sufrieran persecución o pérdida de propiedades tras el establecimiento de la independencia estadounidense. El destino de los leales era una cuestión central, ya que los británicos querían asegurar su protección y bienestar.

2. Conservar ciertos territorios

Los británicos eran reacios a ceder todo el territorio que poseían en Norteamérica. En concreto, pretendían conservar puestos estratégicos y territorios que tuvieran valor militar y económico.

Por ejemplo, querían conservar Quebec y Terranova y, posiblemente, mantener el control sobre la región de los Grandes Lagos. La negociación de los límites territoriales sería un punto crítico de contención.

Cuestiones clave abordadas durante las negociaciones

Cuando las delegaciones estadounidense y británica entablaron las negociaciones que condujeron al Tratado de París, varias cuestiones clave ocuparon un lugar central, reflejando la naturaleza compleja y polifacética del acuerdo.

Negociación de los límites territoriales

Uno de los temas centrales abordados durante las negociaciones fue la determinación de las nuevas fronteras de Estados Unidos. La delegación estadounidense aspiraba a conseguir amplias reivindicaciones territoriales que se extendieran hacia el oeste hasta el río Misisipi, lo que abarcaría gran parte del valle del Ohio y la región conocida como el Viejo Noroeste. Los británicos, sin embargo, pretendían conservar ciertos territorios estratégicos, lo que dio lugar a extensas discusiones sobre dónde se trazarían estas fronteras.

Derechos de pesca

Los derechos de pesca eran una preocupación económica fundamental para ambas partes, especialmente para la delegación estadounidense. Los pescadores estadounidenses dependían del acceso a los ricos caladeros de los grandes bancos de Terranova. Las negociaciones se centraron en la medida en que los pescadores estadounidenses tendrían acceso a estas valiosas aguas.

Trato a los lealistas

El destino de los lealistas, aquellos que habían permanecido leales a la Corona británica durante la guerra, fue otro tema polémico. La delegación británica insistió en proteger los intereses de los lealistas y asegurarse de que no serían perseguidos ni perderían sus propiedades en los nuevos Estados Unidos independientes. La delegación estadounidense dudaba en hacer concesiones importantes en este asunto, ya que le preocupaba conceder privilegios a quienes habían apoyado la causa británica.

El papel del río Misisipi y los Grandes Lagos

El río Misisipi y los Grandes Lagos desempeñaron un papel fundamental en la definición de las nuevas fronteras de Estados Unidos. La inclusión del río Misisipi como frontera occidental fue crucial para los intereses estadounidenses, ya que abrió vastas tierras para la expansión hacia el oeste. Además, el control de la región de los Grandes Lagos fue un punto de disputa. Los británicos habían establecido puestos militares y mantenían una presencia en la zona de los Grandes Lagos, y su evacuación y el trazado de la nueva frontera serían uno de los principales puntos de las negociaciones.

El río Misisipi, en particular, era un importante accidente geográfico, y su inclusión como frontera occidental de Estados Unidos permitía el acceso al río y facilitaba el comercio y la expansión hacia el oeste. Los Grandes Lagos, por su parte, tenían importancia militar, económica y estratégica, y su control repercutía en la seguridad y el comercio de la región.

Reconocimiento formal de la independencia estadounidense

La disposición central del Tratado de París, firmado el 3 de septiembre de 1783, fue el reconocimiento formal de la independencia estadounidense por parte de Gran Bretaña. Este reconocimiento fundamental tuvo profundas implicaciones tanto dentro de los recién creados Estados Unidos como en la escena internacional.

Disposición central del Tratado de París

El Tratado de París consolidó el final de la guerra revolucionaria estadounidense y reconoció oficialmente la soberanía de los Estados Unidos de América. El tratado declaraba explícitamente que Gran Bretaña reconocía a Estados Unidos como nación independiente y soberana, libre del dominio y la autoridad británicos.

Importancia en el contexto nacional

El reconocimiento formal de la independencia de Estados Unidos fue un momento exultante, que marcó el cumplimiento de los ardientes deseos y luchas de los revolucionarios. Validó los sacrificios realizados durante la guerra y la visión de una nación autónoma. El reconocimiento de la independencia estadounidense sentó las bases para el desarrollo de una nueva forma de gobierno y el establecimiento de los principios y valores consagrados en los documentos fundacionales de Estados Unidos, como la Declaración de Independencia y la Constitución.

Importancia en el contexto internacional

En el ámbito internacional, el reconocimiento de la independencia estadounidense tuvo consecuencias de gran alcance. Significó la aparición de Estados Unidos como entidad soberana en la escena mundial. Esta nueva nación entró a formar parte de la comunidad de naciones con la legitimidad y el respeto que le otorgaba el reconocimiento formal. El Tratado de París sentó un precedente para otras naciones coloniales que luchaban por su independencia y remodeló el orden mundial al contribuir al declive de los imperios coloniales.

Además, el reconocimiento de la independencia estadounidense tuvo implicaciones diplomáticas y económicas. Abrió la puerta a las relaciones diplomáticas y los tratados con otras naciones. Estados Unidos, libre de las regulaciones coloniales británicas, era ahora libre para comerciar y establecer alianzas con potencias extranjeras. Esto tuvo un impacto significativo en las futuras relaciones económicas y políticas de la nación.

El Tratado de París fue un claro indicio de la dinámica cambiante del mundo: la antigua colonia desafió a una superpotencia mundial y logró el reconocimiento como Estado plenamente soberano. Fomentó la difusión de los ideales democráticos y la creencia en la autodeterminación, influyendo en el desarrollo de las relaciones internacionales y en el curso de la historia.

Proceso de ratificación

El proceso de ratificación del Tratado de París, tanto en Estados Unidos como en Gran Bretaña, fue una fase crucial tras la negociación del tratado. Estuvo marcada por una serie de debates, desafíos y reacciones políticas a ambos lados del Atlántico.

La ratificación en Estados Unidos

En Estados Unidos, el proceso de ratificación fue llevado a cabo por el Congreso Continental, el órgano de gobierno de la recién formada nación. El Tratado de París era un documento fundamental, ya que determinaría los términos de la paz y la posición internacional del país.

El proceso de ratificación en el Congreso Continental no estuvo exento de dificultades. Hubo debates y diferencias de opinión entre los delegados de los distintos estados. A algunos miembros del Congreso les preocupaban los términos del tratado, especialmente el trato a los leales y las fronteras territoriales. Además, había dudas sobre si el tratado salvaguardaría plenamente los intereses estadounidenses.

Finalmente, el Tratado de París fue ratificado por el Congreso Continental el 14 de enero de 1784, y Estados Unidos se convirtió oficialmente en parte del tratado. El éxito de la ratificación en Estados Unidos marcó la aceptación formal de los términos de la paz y allanó el camino para que la nación emergiera como entidad soberana en la escena mundial.

Ratificación en Gran Bretaña

En Gran Bretaña, el proceso de ratificación también conllevó su propio conjunto de reacciones políticas y públicas. El gobierno británico, dirigido por el Primer Ministro William Pitt el Joven, se encargó de asegurar la ratificación del tratado.

El proceso de ratificación en Gran Bretaña se vio influido por las divisiones políticas. Algunas facciones creían que la guerra se había vuelto demasiado costosa e insostenible, y que lo mejor para la nación era reconocer la independencia estadounidense. Otros, sin embargo, se oponían profundamente a la idea de reconocer la soberanía estadounidense.

El público británico en general también tenía opiniones encontradas sobre el tratado. Mientras que algunos abogaban por poner fin a la guerra y reconocer la independencia estadounidense, otros lo consideraban una humillación nacional. La idea de reconocer la independencia de los antiguos colonos fue recibida con resistencia por muchos.

Finalmente, el Tratado de París fue ratificado por el Parlamento británico el 9 de abril de 1784. Esto formalizó el reconocimiento de la independencia estadounidense y marcó el fin de las hostilidades entre ambas naciones. La decisión del gobierno británico de ratificar el tratado reflejaba el sentimiento predominante de que continuar la guerra ya no era factible y que había llegado el momento de poner fin al costoso conflicto.

Relaciones de posguerra

El Tratado de París marcó el fin formal de las hostilidades y el comienzo de una nueva fase en las relaciones entre Estados Unidos y Gran

Bretaña. Aunque supuso un claro reconocimiento de la independencia estadounidense, no resolvió de inmediato todas las cuestiones o disputas entre ambas naciones.

El tratado sentó las bases para la futura diplomacia y el comercio entre Estados Unidos y Gran Bretaña. Se establecieron relaciones diplomáticas y los países empezaron a negociar diversos acuerdos para abordar cuestiones como el comercio y las fronteras.

Con el tiempo, la relación evolucionó y persistieron las tensiones entre Estados Unidos y Gran Bretaña, que desembocaron en conflictos como la guerra de 1812. Sin embargo, el reconocimiento de la independencia estadounidense por parte del tratado sentó las bases para el desarrollo de una relación más normalizada entre ambas naciones en los años y décadas siguientes.

En conclusión, el Tratado de París tuvo profundas consecuencias para Estados Unidos, entre ellas importantes ganancias territoriales, la seguridad de los derechos de pesca y el destino desigual de los leales. También marcó el inicio de un nuevo capítulo en las relaciones de posguerra entre Estados Unidos y Gran Bretaña, influyendo en última instancia en la trayectoria de la expansión estadounidense y en su cambiante posición en la escena mundial. El reconocimiento de la soberanía estadounidense en el tratado fue un momento transformador de la historia, que puso a Estados Unidos en la senda de la construcción nacional y la participación mundial.

Conclusión

La Revolución estadounidense fue uno de los acontecimientos más influyentes de la historia de Estados Unidos. Demostró la fuerza, el patriotismo y el coraje del pueblo estadounidense, lo que condujo a su victoria. También hubo historias de traidores, espías y engaños. Todo lo que ocurrió en aquella época dio forma a Estados Unidos y lo convirtió en el país que es hoy.

Empezamos nuestro viaje conociendo a los primeros líderes estadounidenses y cómo establecieron una red de espías para recabar información sobre los británicos. A continuación, exploramos el papel de Benjamin Tallmadge como principal organizador de la red de espionaje Culper y su relación con George Washington. También conocimos a los principales agentes de la red y sus métodos y técnicas.

A continuación, descubrimos la interesante historia de la guerra de guerrillas y cómo Francis Marion utilizó esta táctica para frenar a los británicos, lo que contribuyó a la victoria de los estadounidenses. También conocimos a Deborah Sampson, la heroína estadounidense, y todo lo que tuvo que hacer para servir a su país.

Hay muchos detalles interesantes sobre la guerra de la Independencia, como el duro invierno de 1777-1778. Hemos descubierto cómo las duras condiciones meteorológicas afectaron a las tropas y las historias sobre su valentía y resistencia.

La derrota británica en la batalla de Saratoga desencadenó algunos de los acontecimientos más importantes de la guerra de la Independencia. Aprendimos cómo la victoria del norte condujo a la alianza con los franceses y a la salida de los británicos del norte para dirigirse al sur.

Las tribus nativas americanas desempeñaron un papel importante en la guerra. Vimos cómo algunas de ellas fueron leales a los estadounidenses mientras que otras los traicionaron y prometieron lealtad a los británicos.

Benedict Arnold es una de las figuras más populares de la guerra de la Independencia. Aprendimos todo sobre su vida, desde sus éxitos militares hasta todas las luchas a las que se enfrentó y que desembocaron en su traición.

También descubrimos la importancia estratégica del teatro del sur y las figuras clave estadounidenses y británicas en el sur. Conocimos al comandante naval John Paul Jones y su papel en la batalla de Flamborough Head. Terminamos el viaje con las batallas que condujeron al tratado de paz de París entre británicos y estadounidenses.

La guerra de la Independencia fue el mayor movimiento de cualquier nación en la historia moderna. Los estadounidenses inspiraron al mundo y le demostraron que podían conseguir su independencia si se unían y luchaban por su país. Este acontecimiento histórico creó un país que se enorgullece de sus derechos civiles, su igualdad y su libertad.

Cada uno de los cuentos que aquí se narran pretende pintar un cuadro ilustrativo de la Revolución estadounidense y de su legado en su pueblo y en el mundo.

Mira otro libro de la serie

Referencias

(S. f.). Amrevmuseum.org. https://www.amrevmuseum.org/5-pop-culture-portrayals-of-benedict-arnold#:~:text=Benedict%20Arnold's%20journey%20from%20a,culture%20in%20the%20United%20States.

(S. f.-a). Loc.gov. https://www.loc.gov/classroom-materials/united-states-history-primary-source-timeline/civil-war-and-reconstruction-1861-1877/south-during-the-civil-war/

(S. f.-b). Loc.gov. https://www.loc.gov/classroom-materials/united-states-history-primary-source-timeline/american-revolution-1763-1783/revolutionary-war-southern-phase-1778-1781/

Allison, S. (2015, 17 de mayo). Deborah Sampson: A patriot by any other name. Heroes: What They Do & Why We Need Them. https://blog.richmond.edu/heroes/2015/05/17/deborah-sampson-a-patriot-by-any-other-name/

Ambush: Francis Marion and the art of guerrilla warfare. (2021, 20 de abril). American Battlefield Trust. https://www.battlefields.org/learn/articles/ambush-francis-marion-and-art-guerrilla-warfare

American Revolution in the Mohawk Valley. (s. f.). https://www.mohawkvalleyhistory.com/themes/revolutionary-war

American Revolutionary War - Heroes Stories. (2020, 25 de febrero). Home of Heroes. https://homeofheroes.com/heroes-stories/american-revolutionary-war/

Andrews, E. (2016, 13 de enero). 9 things you may not know about Benedict Arnold. HISTORY. https://www.history.com/news/9-things-you-may-not-know-about-benedict-arnold

Battle of Cowpens. (2009, 9 de noviembre). HISTORY. https://www.history.com/topics/american-revolution/battle-of-cowpens

Battle of Quebec 1775: Date & American Revolution. (2009, 2 de noviembre). HISTORY. https://www.history.com/topics/american-revolution/battle-of-quebec-1775

Battle of Saratoga. (2009, 13 de noviembre). HISTORY. https://www.history.com/topics/american-revolution/battle-of-saratoga

Battle of Saratoga. (s. f.). George Washington's Mount Vernon. https://www.mountvernon.org/library/digitalhistory/digital-encyclopedia/article/battle-of-saratoga/

Benedict Arnold commits treason. (2009, 24 de noviembre). HISTORY. https://www.history.com/this-day-in-history/benedict-arnold-commits-treason

Benedict Arnold fights valiantly at Valcour Island. (2009, 13 de noviembre). HISTORY. https://www.history.com/this-day-in-history/benedict-arnold-fights-valiantly-at-valcour-island

Benedict Arnold. (2009, 27 de octubre). HISTORY. https://www.history.com/topics/american-revolution/benedict-arnold

Benedict Arnold. (s. f.-a). George Washington's Mount Vernon. https://www.mountvernon.org/george-washington/the-revolutionary-war/george-washington-benedict-arnold/benedict-arnold/

Benedict Arnold. (s. f.-b). American Battlefield Trust. https://www.battlefields.org/learn/biographies/benedict-arnold

Benedict Arnold. (s. f.-c). Ushistory.org. https://www.ushistory.org/valleyforge/served/arnold.html

Bluhm, R. K. (2017). Battle of Long Island. En la Enciclopedia Británica.

Boston Tea Party Ships & Museum. (2019, 24 de septiembre). American Revolution. Boston Tea Party Ships; Boston Tea Party Ships & Museum. https://www.bostonteapartyship.com/american-revolution

Bradford, W., Washington, G., & River, H. (s. f.). Sampson, Deborah. Encyclopedia.com. https://www.encyclopedia.com/history/educational-magazines/sampson-deborah

British occupation of New York City. (s. f.). George Washington's Mount Vernon. https://www.mountvernon.org/library/digitalhistory/digital-encyclopedia/article/british-occupation-of-new-york-city/

Bryan, A. (2023, 5 de septiembre). The Treaty of Paris: The American negotiators. Teaching American History; TeachingAmericanHistory.org. https://teachingamericanhistory.org/blog/the-treaty-of-paris-the-american-negotiators/

Cowpens. (s. f.). American Battlefield Trust. https://www.battlefields.org/learn/revolutionary-war/battles/cowpens

Daniel Morgan. (s. f.). American Battlefield Trust. https://www.battlefields.org/learn/biographies/daniel-morgan

Daniel Morgan. (s. f.). George Washington's Mount Vernon. https://www.mountvernon.org/library/digitalhistory/digital-encyclopedia/article/daniel-morgan/

Deborah Sampson. (s. f.-a). American Battlefield Trust. https://www.battlefields.org/learn/biographies/deborah-sampson

Deborah Sampson. (s. f.-b). George Washington's Mount Vernon. https://www.mountvernon.org/library/digitalhistory/digital-encyclopedia/article/deborah-sampson/

Deborah Sampson: American Revolutionary War Hero. (s. f.). Mass.gov. https://www.mass.gov/info-details/deborah-sampson-american-revolutionary-war-hero

Deborah Sampson: American warrior. (s. f.). Libertyfund.org. https://oll.libertyfund.org/reading-room/2022-10-11-deborah-sampson-american-warrior

Deborah Sampson's legacy. (2020, 16 de marzo). U.S. Senator John Boozman. https://www.boozman.senate.gov/public/index.cfm/2020/3/deborah-sampson-s-legacy

Delaney Lust Davis High School. (2017, 26 de marzo). Women in History: Revolutionary War fighter Deborah Sampson hid her gender for years. Yakima Herald-Republic. https://www.yakimaherald.com/unleashed/women-in-history-revolutionary-war-fighter-deborah-sampson-hid-her-gender-for-years/article_60e4911c-11e0-11e7-b036-5f061300753f.html

Diana. (2017, 1 de marzo). Deborah Sampson, U.S. Army. Foundation for Women Warriors. https://foundationforwomenwarriors.org/deborah-sampson-u-s-army/

Digital History. (s. f.). Digitalhistory.uh.edu. https://www.digitalhistory.uh.edu/era.cfm?eraid=3&smtid=1

Espionage tactics. (s. f.). George Washington's Mount Vernon. https://www.mountvernon.org/library/digitalhistory/digital-encyclopedia/article/espionage-tactics/

France in the American Revolution. (2021, 6 de enero). American Battlefield Trust. https://www.battlefields.org/learn/articles/france-american-revolution

George Washington's Mount Vernon. (s. f.). Loyalists. https://www.mountvernon.org/library/digitalhistory/digital-encyclopedia/article/loyalists/

Gould, K. (2023). Culper Spy Ring. En la Enciclopedia Británica.

Guerrilla warfare. (2013, 3 de junio). American Battlefield Trust. https://www.battlefields.org/learn/articles/guerrilla-warfare

Hand, T. (2023, 31 de enero). A desperate winter at Valley Forge. Americana Corner. https://www.americanacorner.com/blog/valley-forge

Hickman, K. (2011, 25 de enero). American revolution brigadier General Francis Marion (The Swamp Fox). ThoughtCo. https://www.thoughtco.com/brigadier-general-francis-marion-swamp-fox-2360605

Historical, S. (s. f.). The story of Deborah Sampson, woman soldier of the revolution. Samson Historical. https://www.samsonhistorical.com/blogs/reliving-history/deborah-sampson

Jaenen, C. J. (s. f.). Treaty of Paris 1783. Thecanadianencyclopedia.Ca. https://www.thecanadianencyclopedia.ca/en/article/treaty-of-paris-1783

John Paul Jones. (s. f.). American Battlefield Trust. https://www.battlefields.org/learn/biographies/john-paul-jones

John Paul Jones. (s. f.). Nhhcaws.Local.

Katz, B. (2019, 2 de julio). Diary sheds light on Deborah Sampson, who fought in the Revolutionary War. Smithsonian Magazine. https://www.smithsonianmag.com/smart-news/diary-sheds-light-deborah-sampson-who-fought-revolutionary-war-180972547/

Khandelwal, P. (2020, 14 de febrero). Francis Marion. Revolutionary War. https://www.revolutionary-war.net/francis-marion/

Klein, C. (2021, 8 de septiembre). How the South Helped Win the American Revolution. HISTORY. https://www.history.com/news/american-revolution-southern-battles

Klein, C. (2022, 15 de septiembre). West Point's critical role in the American Revolution. HISTORY. https://www.history.com/news/west-point-fort-revolutionary-war

Kowalski, H. (2021, 14 de diciembre). Bidwell Lore - Deborah Sampson: Revolutionary soldier and revolutionary woman. Bidwell House Museum. https://www.bidwellhousemuseum.org/blog/2021/12/14/bidwell-lore-deborah-sampson-revolutionary-soldier-and-revolutionary-woman/

Lohnes, K. (2023). Battles of Saratoga. En la Enciclopedia Británica.

Milestones: 1776–1783 - office of the historian. (s. f.). State.gov. https://history.state.gov/milestones/1776-1783/french-alliance

Milestones: 1776–1783 - office of the historian. (s. f.). State.gov. https://history.state.gov/milestones/1776-1783/treaty

Mohawk River – Oregon Conservation Strategy. (s. f.). https://www.oregonconservationstrategy.org/conservation-opportunity-area/mohawk-river/

Mohawk Valley Region | Cooperstown | Saratoga | Leatherstocking. (s. f.). https://www.mohawkvalleyhistory.com/about/region

Mohawk Valley: Early St. Johnsville Pioneers | National Postal Museum. (s. f.). https://postalmuseum.si.edu/exhibition/indians-at-the-post-office-murals-encounter/mohawk-valley-early-st-johnsville-pioneers

Nathan Hale: American patriot. Army ranger. Spy. (s. f.). Cia.gov. https://www.cia.gov/stories/story/nathan-hale-american-patriot-army-ranger-spy/

Norton, L. A. (2019, 20 de agosto). The Battle between Bonhomme Richard and Serapis. Journal of the American Revolution. https://allthingsliberty.com/2019/08/the-battle-between-bonhomme-richard-and-serapis/

Office of the Director of National Intelligence. (s. f.). INTEL - Culper spy ring. Intel.gov. https://www.intel.gov/evolution-of-espionage/revolutionary-war/culper-spy-ring

Office of the Director of National Intelligence. (s. f.). INTEL - Benedict Arnold. Intel.gov. https://www.intel.gov/evolution-of-espionage/revolutionary-war/british-espionage/benedict-arnold

Office of the Director of National Intelligence. (s. f.). INTEL - Benedict Arnold. Intel.gov. https://www.intel.gov/evolution-of-espionage/revolutionary-war/british-espionage/benedict-arnold

Oriskany. (s. f.). American Battlefield Trust. https://www.battlefields.org/learn/revolutionary-war/battles/oriskany

Overview of the American Revolutionary War. (2017, 26 de enero). American Battlefield Trust. https://www.battlefields.org/learn/articles/overview-american-revolutionary-war

Philbrick, N. (2016, 20 de abril). Why Benedict Arnold turned traitor against the American Revolution. Smithsonian Magazine. https://www.smithsonianmag.com/history/benedict-arnold-turned-traitor-american-revolution-180958786/

Read: Who is Deborah Sampson? (2017, 14 de abril). IAVA. https://iava.org/blog/who-is-deborah-sampson/

Records reveal an overlooked hero of the Culper spy ring. (2022, 7 de noviembre). New York Almanack. https://www.newyorkalmanack.com/2022/11/records-reveal-overlooked-hero-of-culper-spy-ring/

Remembering a Women's rights pioneer: Deborah Sampson. (s. f.). Fairchild Air Force Base. https://www.fairchild.af.mil/News/Commentaries/Display/Article/496443/remembering-a-womens-rights-pioneer-deborah-sampson/

Revolutionary War. (2009, 29 de octubre). HISTORY. https://www.history.com/topics/american-revolution/american-revolution-history

Salomonsson, R. (2006, 27 de junio). Women of the revolution: Deborah Sampson. Christian Science Monitor (Boston, Mass.: 1983). https://www.csmonitor.com/2006/0627/p18s03-hfks.html

Saratoga. (s. f.). American Battlefield Trust. https://www.battlefields.org/learn/revolutionary-war/battles/saratoga

Seven, J. (2018, 17 de julio). Why did Benedict Arnold betray America? HISTORY. https://www.history.com/news/why-did-benedict-arnold-betray-america

Shippen, P. (2014, 3 de abril). Benedict Arnold. Biography. https://www.biography.com/military-figures/benedict-arnold

Southern theater of the American Revolutionary War. (s. f.). American Revolutionary War Wiki; Fandom, Inc. https://arw.fandom.com/wiki/Southern_theater_of_the_American_Revolutionary_War

The Battle of Flamborough Head. (2021, 15 de julio). American Battlefield Trust. https://www.battlefields.org/learn/articles/battle-flamborough-head

The Culper Spy Ring. (2010, 19 de marzo). HISTORY. https://www.history.com/topics/american-revolution/culper-spy-ring

The Editors of Encyclopaedia Britannica. (1998a, 20 de julio). Battle of Oriskany | Revolutionary War, Mohawk Valley, Patriot Victory. Enciclopedia Británica. https://www.britannica.com/event/Battle-of-Oriskany

The Editors of Encyclopaedia Britannica. (1998b, 20 de julio). Quartering Act | Summary, Significance, & Facts. Enciclopedia Británica. https://www.britannica.com/event/Quartering-Act

The Editors of Encyclopedia Britannica. (2023). New England. En la Enciclopedia Británica.

The Erie Canal. (s. f.). https://www.eriecanal.org/

The Southern Theater of the American Revolution. (2017, 26 de enero). American Battlefield Trust. https://www.battlefields.org/learn/articles/southern-theater-american-revolution

The Southern Theater of the American Revolution. (2017, 26 de enero). American Battlefield Trust. https://www.battlefields.org/learn/articles/southern-theater-american-revolution

The Treaty of Paris. (2019, 2 de agosto). American Battlefield Trust. https://www.battlefields.org/learn/articles/treaty-paris

The United States Army - WWII, Korean War, Cold War. (s. f.). En la Enciclopedia Británica.

Treaty of Paris (1783). (2021, 16 de abril). National Archives. https://www.archives.gov/milestone-documents/treaty-of-paris

Treaty of Paris. (2009, 13 de noviembre). HISTORY. https://www.history.com/topics/american-revolution/treaty-of-paris

Valley Forge. (2018, 12 de diciembre). HISTORY. https://www.history.com/topics/american-revolution/valley-forge

Wallace, W. M. (2023). American Revolution. En la Enciclopedia Británica.

Washington's winters. (s. f.). George Washington's Mount Vernon. https://www.mountvernon.org/george-washington/so-hard-a-winter/

What happened at Valley Forge - Valley Forge National Historical Park (U.S. National Park service). (s. f.). Nps.gov. https://www.nps.gov/vafo/learn/historyculture/valley-forge-history-and-significance.htm

What type of warfare did Francis Marion and his men employ? (s. f.). Socratic.org. https://socratic.org/questions/what-type-of-warfare-did-francis-marion-and-his-men-employ

Why Francis Marion became the father of guerrilla warfare. (2020, 28 de enero). Warfare History Network. https://warfarehistorynetwork.com/article/why-francis-marion-became-the-father-of-guerrilla-warfare/

Winter at Valley Forge. (2017, 21 de septiembre). American Battlefield Trust. https://www.battlefields.org/learn/articles/winter-valley-forge